山东大学东方考古研究书系

中国考古学概念的反思

焦天龙　／著

上海古籍出版社

图书在版编目（CIP）数据

中国考古学概念的反思 / 焦天龙著. —上海：上
海古籍出版社, 2021.12
（山东大学东方考古研究书系）
ISBN 978 - 7 - 5732 - 0191 - 1

Ⅰ.①中⋯　Ⅱ.①焦⋯　Ⅲ.①考古-研究-中国
Ⅳ.①K87

中国版本图书馆CIP数据核字（2021）第243165号

山东大学东方考古研究书系
中国考古学概念的反思
焦天龙　著
上海古籍出版社出版发行
（上海市闵行区号景路 159 弄 1-5 号 A 座 5F　邮政编码 201101）
（1）网址：www.guji.com.cn
（2）E-mail：guji1 @ guji.com.cn
（3）易文网网址：www.ewen.co
常熟市新骅印刷有限公司印刷
开本 889×1194　1/32　印张 6.5　插页 2　字数 145,000
2021 年 12 月第 1 版　2021 年 12 月第 1 次印刷
印数：1—2,100
ISBN 978-7-5732-0191-1
K·3108　定价：50.00 元
如有质量问题，请与承印公司联系

序

今年是仰韶文化发现 100 周年，也是中国现代考古学诞生 100 周年。百年来中国考古学所取得的辉煌成就举世瞩目。记得一位名人说过，一个学科成熟的标志就是对学科进行自我反思的能力。呈现在读者面前的这部著作，是焦天龙先生对我国考古学科相关概念进行反思的成果，相信会引起业界的重视。

我和焦天龙先生是同乡。当年他在中国社会科学院考古研究所山东队任职，一度主持山东队的工作，见面的机会相对多一些。记得 1992 年中国考古学会第九次年会在济南举办，他是会务组的主要工作人员，我被拉去帮忙，会前会后由此有了更多接触，因此增加了了解，此后对他的科研活动和成果也就有了更多的关注。他对胶东半岛地区的贝丘遗址多有研究，并主持了日照尧王城、滕州前掌大等遗址的考古发掘。后来他远赴大洋彼岸，到哈佛大学跟随张光直先生攻读博士学位。1998 年暑期，山东大学与耶鲁大学、芝加哥费尔德自然历史博物馆围绕日照两城镇所开展的中美鲁东南沿海地区系统考古调查项目进行到第四个年头，文德安（Anne P. Underhill）教授邀请蔡凤书教授、于海广教授、栾丰实教授和我四位中方合作伙伴访问，到哈佛大学拜访张光直先生是这次访美之行的重要一站。在天龙和慕容捷（Robert Murowchick）、高德（David Cohen）诸位的精心安排下，我们在波士顿的行程非常圆满，尤其是见到了在国内首倡聚落考古的张光直先生。当时张先生身受病痛折磨，讲的话已不容易听懂，但当我向他汇报两城镇前三个季度区域系统调查的成果时，张先生眼里透露出异常兴奋的光芒。看得出他想说什么，但已无法表达，直到临别时他坚持在夫人李老师的搀扶下送我们到门口，才听到"招待不周"四个字。我相信张先生对这个调查项目肯定想做更多的了解，也肯定会有很多的期待，因为早在1984年张光直先生首次受邀到国内高校讲学，他就选择了北京大学和山东大学，著名的《考古学专题六讲》就是他那次讲学的成果，其中的"聚落考古"和"聚落形态研究"理论对此后中国的考古学理论和实践影响很大。他选择山大授课，我猜测一则是因为他跟时任山东大学校长吴富恒先生很熟，也跟刘敦愿师比较熟悉，二则应该是海岱地区考古学文化序列和陶器分期比较完善，这是开展聚落考古和区域系统调查所必不可少的条件。

也是那次波士顿之行，我对哈佛燕京学社访问学者项目有了较多了解，便在2000年投递申请并获得通过，次年再访哈佛，行前自然烦请天龙先生代为安排住宿等相关事宜，结果是跟先到一步的陈星灿先生一家比邻而居，这当然是一个最好的安排了！引以为憾的是张光直先生已于当年年初仙逝，再也无法聆听他的教诲。好在有天龙先生的安排引见，访学时经常参加人类学系和费正清研究中心的活动，尤其是旁听了李润全、巴尔-约瑟夫（Ofer Bar-Yosef）等教授的讲课、讲座等，与波士顿大学东亚考古研究中心的慕容捷、高德和邵望平等学者互动也很多。当时这两个学校经常举办有关东亚考古的学术活动，还不时可以见到来自海峡两岸的考古学家、历史学家，感觉生活很充实。就在一年的访学快要结束时，获知天龙如愿应聘到夏威夷毕士普博物馆（Bishop Museum）任职。因为他的博士学位论文是关于南岛语族研究的，这个选择当然专业很对口，此前和此后很长时间他的研究重心也是围绕华南、台湾和南岛语族考古研究展开的。我回国后请他来山大讲学，并给《东方考古》赐稿，所讲授和写作论文的题目也多与此有关。后来天龙先生先后在香港海事博物馆、旧金山亚洲艺术博物馆和丹佛美术博物馆亚洲部任职。这些经历无疑丰富了他的学术经历，加之他在厦门大学一直担任兼职教授，始终工作在田野、博物馆和教学一线，我便邀请他来山大做个系列报告。2018年年底他以山东大学流动岗教授的身份到访山大，以"考古学概念与实践"为题开设专题讲座五场，每次都是百余名师生聚集一堂，取得了很好的效果。其间我们就酝酿以此次系列讲座的内容出版一本书，纳入"山东大学东方考古研究书系"。今年年初天龙先生的工作又有所变动，受聘为香港故宫文化博物馆任首席研究员。尽管如此，本书还是如期完成，这是需要感谢的！

正如天龙先生在本书中所说的，本书不是对考古学概念和技术的全面介绍和分析，而是有选择性地讨论了一些对中国考古学造成了重大影响或值得学界深入探讨的概念。他在北京大学、哈佛大学所受的专业训练，以及在北美和国内长期从事考古一线工作的经历，使他成为最合适的作者人选。国内一度对考古学的学科性质，也就是考古学究竟属于什么学科门类有过争论，但无论是属于历史学还是人类学门类，考古学研究人类历史的属性是不会变的。人类考古学强调对"人"及其行为的研究，与国内作为历史学科门类的考古学所强调的"见物见人"，其追求没有什么本质区别，这就是我们现在经常说的"讲好故事"，其主角当然是"人"和人类。几年前我曾为迈克尔·史密斯、加里·费曼、周南、蒂莫西·厄尔、伊恩·莫里斯等所写《作为社会科学的考古学》中文版写过一篇导读，就作为这篇序文的结束语吧：

考古学源于人们对自身过往历史和文化的探究与追寻。因此，它在过去很长时间以及将来的发展中仍然会作为历史学亦即人文学科的分支学科而存在。也就是说，无论分析方法多么尖端，阐释理论多么前沿，"作为历史学的考古学"这一命题将永不过时。对于有着悠久文明与成文历史的旧大陆文明古国和文明区域的考古学尤其如此。20 世纪中叶前后开始并延续至今的以测年技术、地理探测技术、计算机技术和生命（态）科学等为代表的自然科学手段在考古学上的广泛应用，赋予了考古学浓重的（自然）科学的色彩，科技考古成果辈出，"作为科学的考古学"逐渐被认可、接受。与此同时或稍早开始融入到考古学并同样延续到当下的文化人类学、民族志学，在理解和解读考古遗存并进而阐释早期人类社会行为方面所具有的启发意义，使得"作为人类学的考古学"深入人心，成绩斐然。学科的上述发展，既是因应了考古学主战场先是以文明或国家起源，继之以社会复杂化进程这一主要任务的需要，也反过来极大促进了考古学自身在人类早期社会研究上的广度与深度，其必然结果是，考古学由对（器）物的专注，转移到对人和人类社会组织的关注。家户、村落、城镇、都市，人口数量、手工生产、贸易、市场，基层组织、社区规划、行政职能、国家和政治形态，诸如此类的社会学、经济学、政治学和法学等社会科学的术语和概念越来越多地出现在考古学家们的论著中，"作为社会科学的考古学"这一命题便应运而生。而且，很重要的一点是，随着全球的一体化和学科的国际化，考古学正在超越其固有的地域的局限性，成为所有从业者可以共享的知识领域。在这一点上，社会科学所固有的理性、实证性等特征，恰恰是考古学所需要的。这就是考古学，一个富于融合能力的学科理论的发展脉络，正是这种融合能力，使之能够不断创新，永葆青春。

方　辉

2021 年 11 月 7 日

目　录

壹 中国考古学与西方考古学的互动历程

一、引　言

　　中国考古学的源头虽然离不开中国古老的学术传统，但不可否认的是，以田野发掘和实验室分析为基础的当代中国考古学是从欧美引入的，与传统的史学和金石学有着根本的区别。而且，在当代中国考古学的发展过程中，西方考古学的概念和技术一直是中国考古学演变的重要推手。尽管中国考古学界也做了诸多探索，但目前所使用的概念和技术中国原创的并不多。经过一个多世纪的探索，中国考古学家发现了极其丰富的材料，填补了很多空白。古人在中国的土地上所取得的辉煌业绩，既让国人自豪，也让世人惊叹。但作为一个学科的考古学的成就，不能仅以发现的材料来衡量。古代的经济和艺术的辉煌，那是古人的业绩。考古学作为一个学科，其发展的历程是以解释材料的概念和发现材料的技术来衡量的。我们需要问的是，在世界考古学的思想和技术的发展历程中，中国考古学有多少原创性的贡献呢？很遗憾的是，到目前为止，我们仍没有多少可以自豪的业绩！从20世纪初的启蒙学习，到目前为止，中国考古学界仍然在继续引进原创于西方的概念和技术！一个多世纪的学习和引进过程是漫长的！为何会造成这个局面？这是一个值得深入探讨的问题！

当代中国考古学所使用的概念和技术源于西方，我们既需要探讨中国考古学与西方考古学互动的历史，更应该理清这些概念和方法在欧美的发展背景与过程。西方考古学的概念和技术，是在不同理论探索的驱使下发展出来的，而这些主要理论派别的演变又与西方近现代历史进程密切相关。同样，中国考古学的概念和技术的变化，也与中国近代和当代历史密不可分。考古学的实践和探索离不开考古学家所处的历史背景的制约。我们分析历史的变迁，是为了服务当今的探索。概念和技术的发展与理论密切相关，但无论是在西方还是在中国的考古学的发展史上，都没有纯粹的考古理论家。这可能是因为考古学的理论受制于一般哲学社会科学的理论。不过，考察中外的考古学历史，我们可以发现最优秀或对考古学产生了重大影响的考古学家，都在概念和方法论上有重大贡献[1]。因此，考古学的理论变化和具体实践是密不可分的。

中国考古学与西方考古学的互动经历了一个复杂的过程。从概念和技术的角度来讲，美国考古学和欧洲考古学是中国考古学的两个主要源头。虽然中国考古学界一般将欧美考古泛称为西方考古学，但其实二者还是有区别的。20世纪初期，中国考古学的创始者们分别受教于美国和欧洲，他们所带回的理论和技术也有不同。当时中国学术界所译介的西方考古学著作主要是欧洲考古学的成果。1949年后中国特殊的国情又让中国与欧美考古学界隔绝了30多年，这对中国考古学的实践影响深远。而这30年正是欧美考古学的理论和技术发生巨变的时期。自1980年代初期以来，中国考古学重新接触欧美考古学，到今天也近40年了。从最初的陌生隔阂到今天的深入互动，中国考古学已经在很多方面与欧美考古学接轨。中国学者当然可以为所发现的丰富材料而自豪，也应该为这些发现所改写的历史而庆贺。但是，我们仍然要问一个问题：中国考古学界是否在学科的概念和技术上超出了欧美考古学？在未来，中国考古学是否还有必要继续与欧美考古学保持密切的互动？

1980—1990年代中国考古学界曾震惊于欧美考古学理论的复杂和多样，也曾认真地介绍和讨论过一些流派。如何对待这些前所未闻的"洋"理论，当时还产生过激烈的争论。1984年哈佛大学华裔教授张光直先生分别在北京大学和山东大学做了系列演讲，介绍了部分西方考古学的理论和方法，并结合中国考古学的材料探讨了这些理论和方法在解释中国考古材料中的可行性问题。张先生的这些演讲和随后出版的《考古学专题六讲》，对当时的中国考古学界产生了重大影响[2]。其中，对当时的年轻学者和在校学生触动最大。在这种激情的推动下，部分年轻学者和学生翻译了欧美学者具有代表性的关于概念和技术的文章，对学术界造成了一定的影响。尽管有很多术语对于当时的中国考古学界而言非常陌生，而且翻译的水平也参差不齐，但这些译作的出版反映了当时中国考古学界了解西方理论和技术的愿望是真诚的。1980年代是中国思想界非常活跃的年代，考古学界对欧美考古学的好奇和热情也是那个时代中国知识界的一个缩影。当时北京的一些学者和学生还组织了"沙龙"式的讨论会，对一些问题进行了探讨。部分学者还在野外考古中对一些技术展开了一定的尝试。当然，也有不少学者非常谨慎，甚至抵触这些让人难以理解的"洋货"。不过，从总体上讲，1980—1990年代中国考古学界对欧美考古学界的理论和技术的热情是很高的。这些最初的介绍和实践，奠定了后来中国考古学在观念和方法上转型的基础。

如果说1980年代的中国和欧美考古学的互动只是文献层面的交流，那么1990年代则是在实践层面的互相切磋。自1991年中国政府解除对外国人来中国做田野考古的禁令以后，欧美考古学者来中国进行合作考古研究的情况越来越多，合作研究的课题也日益广泛。同时，中国学者也不断走出国门，到欧美的大学和研究机构直接与西方学者接触。新一代从国外留学或访学归来的考古学者，也把最新的欧美考古技术和理念带到了国内的实践中。这些合作极大地促进了中国和欧美考古学的融合。陌生感彻底消失，而野外的合作以及实验室之间的交流也让中国考古学界对欧美考古学的操作过程有了较清晰的认识。今天的中国考古学界无论是在技术还是在观念上，都已经与欧美考古学相当接近。今天的中国考古学的文献中经常使用欧美考古学的术语，野外发掘的程序和实验室内的技术设备，也与欧美考古学基本没有区别，有些仪器甚至比欧美考古学界所用的更为先进。很多大学都开设了外国考古学课程，并常规性地邀请欧美高水平的学者授课或进行学术研讨。在国家层面上，中国考古学会已经常规性地组织世界考古论坛，与欧美最前沿的学术课题和成果进行面对面的交流。中国考古学界和世界考古学界的互动程度是前所未见的！

随之而来的问题是：中国考古学界在理论和技术方面如何向前发展？我们如何对待欧美考古学思潮的最新变化？从另一个角度

讲，中国考古学是否可以在概念和技术方面为世界考古学做出一些贡献？欧美考古学的一个重要特点就是概念和技术更新的速度很快。自 1960 年代以来产生的各种流派仍在发展，而历史考古学和物质文化研究的新思路，以及新实用主义（new pragmatism）的兴起，对当代欧美考古学的思潮正在产生新的冲击。同样，中国当代的考古学也是日新月异。除了技术的进步以外，在地域上中国考古学者已经走出国门，在研究的课题上也直接和国外的考古学发生了接触。今天的中国考古学者已经不再只是在中国考古学的问题上与西方考古学界对话，而是在几个重要文明中心区的具体研究问题上，开始与国际学术界对话。在这种情形下，在概念和理论问题上也就不可避免地要与国际学术界互动。重新审视中国考古学目前所使用的概念，并把这些概念在国际学术界中的来龙去脉搞清楚，也就是一件必须要做的事情了。

二、中国考古学的欧美渊源

中国考古学虽然从欧美引进了学科的主要概念和技术，但由于不同学者的留学背景和后来中国与欧美国家的互动背景不同，欧洲和美国考古学在中国考古学形成之初，所产生的影响是不同的。欧洲和美国考古学在发源和发展历程上有不同的时间表。尽管欧洲和美国考古学之间互动非常密切，但二者的区别一直存在。中国早期留学欧洲和美国的考古学者，其接受的教育是不同的。他们所带回来的理念和技术也有区别。在中国考古学界第一代留学归国的学者中，李济、梁思永和冯汉骥先生均留学美国，所接受的是美国人类学特色的考古学的训练；而夏鼐、吴金鼎、曾昭燏先生则是留学英国，裴文中先生留学法国，所接受的是欧洲考古学的训练。而欧美当时的考古学理论和技术是有区别的，所使用的概念也不完全一致。国内学者对西方考古学著作的翻译，在20世纪初期主要是欧洲学者的著作，所以在中国考古学初创时期，欧洲考古学对中国考古学在大的分期理论和类型学方面产生了深远影响，而美国考古学更多的是对人类学理论的影响。欧美考古学同时对地层学在中国考古学中的确立产生了重大影响，这主要是由梁思永和夏鼐来完成的。简要地回顾一下欧美考古学的发展历程，可以帮助我们理解中国考古学界学习和引进这些概念与技术的时代背景。

（一）欧洲考古学的建立和发展历程

当20世纪初期中国学术界开始介绍和学习欧洲考古学的时候，科学的欧洲考古学已经有了近半个世纪的发展历程。在概念和田野发掘技术方面，欧洲考古学已比较成熟。欧洲真正科学意义上的考古学是从19世纪中期开始的，主要有两大标志：由类型学的确立所带动的相对年代断代技术的发明以及旧石器时代在法国和英国的确认[3]。

由器物类型的对比来确定它们的相对年代，这是欧洲科学考古学产生的重要标志之一。学术界一般认为，这一技术由丹麦学者汤姆森（Christian Thomsen）于1836年创立。汤姆森的方法实际上就是一种比较研究法。当时欧洲各地已经发掘了一些墓葬，积累了一定的发掘材料。汤姆森的主要贡献就是将一些墓葬中的共存器物（他称为"闭合材料closed finds"）的器型和纹饰与博物馆的藏品进行综合对比，对相关的器物组合进行时代区分。他将欧洲的史前时代分成了石器时代、青铜器时和铁器时代三期。同时，又将石器时代和铁器时代再分为早期和晚期，实际上是五期。这是考古学界首次对欧洲史前史的分期，也从此奠定了欧洲考古学分期的主要框架和术语。

汤姆森所使用的对比方法，也是考古学者最早使用考古类型学的研究法。这一方法首次解决了对没有文献记载的史前遗物进行年代划分的问题。将没有出土记录或传世的器物，与发掘的器物群进行对比，以此来推定这些器物的年代，这个原则至今仍是考古类型学的基础。汤姆森的"三期说"，后来被介绍到中国，对中国考古学影响深远，至今仍是我们研究史前和早期历史考古的主要年代框架。

如果说汤姆森所创立的类型学仍有粗犷之处，那么这一方法论在1880年代经过瑞典考古学家蒙特留斯（Oscar Montelius）的进一步发展，就变得非常严谨了。根据共存器物的分期排队，蒙特留斯将欧洲的青铜时代分成六期。在后来的十年中，蒙特留斯又将欧洲的新石器时代分成四期，铁器时代分成十期。由于蒙特留斯的研究建立在可靠的类型学方法和丰富的田野资料上，其分期获得了欧洲学术界的广泛认可。中国考古学界最早介绍的类型学方法，就是蒙特留斯的这套方法。

地层学原理的确立以及旧石器时代在法国和英国的确认，是欧洲考古学建立的另一个重要标志。19 世纪早期的欧洲仍然深受基督教的影响，对人类起源的探索基本上不能突破《圣经》所设立的年代禁区。但是，地质学和古生物学在理论上的突破，为考古学探索人类的起源，并在地质时代的地层中寻找古人类的踪迹奠定了基础。

地质学最重要的突破是 1830—1833 年出版的英国地质学家莱尔（Charles Lyell）的三卷本《地质学原理》（*Principle of Geology*）。莱尔根据他收集到的材料，首次提出了均变论（uniformitarian theory），推翻了灾变论（catastrophism），认为山川河流都是地球长时间累积形成的，是可以分成层次的。古生物学的最重要的突破当是达尔文的进化论。1859 年，达尔文《物种起源》（*On the Origin of Species*）的出版，首次提出地球上的生物是长时间优胜劣汰进化的结果。均变论和进化论的确立，奠定了通过考古学寻找古人类的理论基础，也使学术界接受人类更早的历史成为可能。

就在《物种起源》出版的同年，英国学术界首次承认 William Pengelly 在英国西南部 Brixham Cave 发掘出的石器早于公元前 4000 年，即《圣经》上所说的上帝造人的年代。有了这个认识上的突破以后，欧洲的学者在很多地方都发现了石器时代的材料。1865 年拉布克（John Lubbock）在其出版的《史前时代》（*Pre-historic Times*）一书中，进一步将石器时代分为旧石器时代（Palaeolithic）和新石器时代（Neolithic）。1860 年以后，旧石器考古的重心转移到了法国。法国学者 Edouard Lartet 和 Gabriel de Mortillet 对旧石器时代的材料进行了细致分期。他们的分期方法和观点，对后来的中国的旧石器考古产生了重大影响。

进化论和科学史前考古学的建立，也促进了现代人类学的发展。19世纪末期，泰勒（E. B. Taylor）、摩尔根（L. H. Morgan）以此为理论依据，提出了人类社会和文化史的三阶段——蒙昧（Savagery）、野蛮（Barbarism）、文明（Civilization）。这一理论又反过来对考古学的发展产生了重大影响。由于恩格斯对摩尔根理论的关注和利用，这一分期理论对1950年代以后的中国考古学的影响更是深远。

一个有意思的现象是，虽然20世纪初中国有多位考古学家留学英国和法国，但翻译介绍欧洲分期理论和类型学方法的学者均不是考古学家。美术史学家滕固翻译了蒙特留斯的著作，对当时的知识界产生了重大影响，也对中国考古学早期的实践产生了影响[4]。

（二）美国考古学的建立和发展历程

美国考古学的发展历程与欧洲不同，这是与美国特殊的历史背景和学术传统分不开的。与欧洲考古学浓厚的历史学倾向不同，美国考古学是在人类学的理论框架下进行探索的。不过，由于欧美学术交流的密切，在概念和技术上，它们又是密切联系的。在二战以后，欧美考古学在理论思考和探索上更是互动频繁，已经很难将它们截然分开。

Gordon Willey 和 Jeremy Sabloff 在其多次再版的《美国考古学史》（*A History of American Archaeology*）中，对到1990年代的美国考古学做了五个阶段的分期[5]：

第一期：1492—1840年，思辨阶段（The Speculative Period）；

第二期：1840—1914年，分类—描述阶段（The Classifactory-

Descriptive Period）；

第三期：1914—1940 年，分类—历史复原阶段：关注年代序列（The Classifictory-Historical Period: the concern with chronology）；

第四期：1940—1960 年，分类—历史复原阶段：关注背景和功能（The Classifictory-Historical Period: the concern with context and function）；

第五期，1960—1990 年代，当代阶段：对过去的、新的和持续的解释与理解方式（The Modern Period: new and continuing ways of explaining and understanding the past）。

其中第三阶段（1914—1940 年）对于中国考古学的创立非常重要，因为正是在这一时期，李济、梁思永先生在哈佛大学留学，并将他们所学到的美国考古学的理论和方法介绍到了中国。这一时期美国考古学的主要特点就是关注历史和文化问题，并在地层学和类型学（seriation）的实践和应用上与欧洲考古学密切交流，类型学的研究以地层为依据。受当时人类学界历史特殊论的影响，这一时期美国考古学的理论关注点是建立不同区域文化的年代序列，并在此基础上对文化圈进行划分。这些理论倾向对李济和梁思永的影响是很大的。

美国考古学中地层学的创立，有两位学者具有开创之功：其一是哥伦比亚大学的 Manuel Gamio。他在 1911 年对墨西哥的 Atzcaptozalco 遗址的发掘中首次使用了水平地层发掘法，每次的厚度是 20—60 厘米。另一位是 Nels C. Nelson。他在 1913 年对美国西南部新墨西哥州一系列遗址的发掘中，也使用了水平层位发掘法，每层的厚度是 1 英尺。这种水平层位发掘法对后来的美国考古学影响深远，也对李济影响很大，他在西阴村的发掘就采用了这种水平层位发掘方法。

不过，在这一时期，哈佛大学的祁德（Alfred V. Kidder）探索了利用自然层位进行发掘的技术。1914 年，祁德在发掘新墨西哥州的 Forked Lightning 遗址时，首次依据自然地层发掘（natural or physical layer），而不是用人为的水平层位发掘。这是美国考古发掘技术的一个重大突破。当时留学哈佛大学的梁思永先生，曾经随祁德教授参加发掘，学习到了这种发掘方法。1931 年梁思永将这种方法成功地应用到安阳后冈遗址的发掘中，奠定了地层学在中国的发展基础。这是美国考古学界对中国田野技术最重要的影响之一。不过，有意思的是，祁德的这个方法可能是从他的哈佛大学老师 George Reisner 那里学来的。Reisner 的研究重点是埃及考古学，他也是 20 世纪初最出色的田野考古发掘学者。同样对中国早期田野考古产生了重要影响的吴金鼎先生和夏鼐先生在英国所学习的田野发掘技术，也是从事埃及考古学的学者皮特里（W.M.F Petrie）和惠勒（Mortimer Wheeler）所传授的。从学术的最终源头来讲，这是一个很有意思的历史巧合！

比较特殊的是，类型学在美国考古学中的建立，最初是由两位文化人类学者进行的。其一是克鲁伯（Alfred Kroeber）。1916 年，他对采集自美国西南部的 Zuni 族群的陶器进行了分类，利用共存类型法（Occurrence seriation）对其进行了分期研究。1917 年，斯比耶（Leslie Spier）利用发掘出土的具有地层证据的材料，验证了克鲁伯的类型学研究。在指导理论方面，美国考古学中类型学和地层学的开创者均为人类学历史特殊论（historical particularism）的信徒，这与英国和法国在进化论的影响下所探索的类型学和地层学研究有所不同。

三、当代欧美考古学的主要流派及其对当代中国考古学的影响

无论是在概念还是在田野技术方面，当代中国考古学与早期发展阶段相比，都已经发生了巨大变化。这种转型发生在 1980 年代中期至 1990 年代初期。一个不可忽视的历史背景是，这一转型是在对 1960 年代以来欧美考古学的理论和方法的不断认识和实践中完成的。因此，如果要对当今的中国考古学有一个清晰的认识和定位，简要回顾一下欧美考古学 1960 年代以来的主要理论流派以及所带动的田野和实验室技术的改进是很有必要的。

学术界一般认为，以 1980 年代为标志，当代欧美考古学可以简单地划分为两个大阶段。前段：1960—1980 年代，过程考古学或"新考古学"占主导地位。后段：1980 年代—现在，后过程考古学的兴起，以及过程考古学和后过程考古学融合，导致了今天西方考古学的多元化。

（一）过程考古学（Processual Archaeology）

1960 年代的美国和英国是一个让年轻人激情澎湃的年代。无

论是在政治诉求，还是在社会思潮的更新方面，这个时代都充满了朝气。新进化论不仅让人类学界狂热地探寻人类社会发展的规则，也让一般人文学科都在探索重新解释社会和历史现象的法则。在考古学界，这种激情促使一批年轻学者试图冲破旧的框架，寻求建立新的学术体系。当时的学术界把这批人所探索的理论和技术称之为"新考古学"。由于"新"总是相对于"旧"而言的，随着时间的推移，新的也会变成旧的。所以，目前学术界一般将这一思潮称之为"过程考古学"，以彰显其探索的理论核心和追求的学术目标。

这一学派最具代表性的考古学家当首推美国的路易斯·宾福德（Lewis Binford）。他于 1962 年在 *American Antiquity* 杂志上发表的《作为人类学的考古学》（Archaeology as anthropology）和 1965 年发表的《考古系统与文化过程研究》（Archaeological systematics and the study of cultural process）是新考古学的宣言书[6]。他的主要论点可以简单归纳为以下四点：

1）考古学的目的与人类学是一致的，即全面解释文化行为的相似和相异性，其中最重要的是解释相似性，并进而探讨文化的发展演变规律；考古学的目的不是历史学的。

2）在理论上以新进化论为指导，相信人类文化是不断进步的，而文化进化的根本原因是对所处自然环境的适应或对邻近的和相竞争的其他文化系统的适应（adaptation）。内因是文化变化的主要原因。外部原因如传播和移民不起主要作用。这是生态系统观点，是美国人类学新进化论的核心。

3）人类文化是一个大系统（system），其中可分为三个亚系统（subsystem）：技术、社会组织和思想（technology，social organization and ideology）。考古遗物可以从不同侧面反应这三个亚系统；这也是新进化论创始人 Leslie White 的理论核心。

4）方法论上重视计量方法，采用各种自然科学技术手段采集分析考古材料。

几乎与此同时，英国考古学家大卫·克拉克（David Clark）也开始批评传统考古学，但其理论体系和方法论与美国过程主义考古学的主张有一定差别。他信奉系统论，强调统计方法，但不反对历史，相反强调考古学的根本目的是研究历史的规律。这一点与美国过程主义考古学激进的人类学认同是有区别的。

过程考古学在美国出现的原因比较复杂，但学术界一般认为以下三个方面是促成这一学派形成的主要动因[7]：

1）新进化论在人类学界的确立以及美国社会科学对治理社会的一般性原则的积极探索。

2）随着二战后美国全球霸权地位的确立，中产阶级对社会的进步充满信心。

3）美国自然科学基金会的大规模资助，要求考古学参与科学研究。

过程考古学对欧美传统考古学的冲击是前所未有的！这批年轻的学者不仅充满了理论激情，更积极地在野外考古项目的设计和实验室技术中寻求解决的办法。他们敢于辩论，也大胆地在实践中探索。就像自然科学家在实验室中为解决问题而积极探索实验方法和技术一样，过程考古学家也在不断更新和探索新的田野工作方法。尽管他们的探索不可能都取得成功，但这一时期引进或发明的田野技术，却完全改变了传统美国考古学的作业方式。用新的科技手段和野外方案来检验既有的或假设的理论或模式，从此在美国和英国的考古学中成为主流的研究方式。固守成规或排斥创新的考古学家被边缘化，但更多的学者则在与过程主义考古学家的吵吵闹闹中自觉或不自觉地被转变了。从这个意义上讲，1960年代和1970年代的英美考古学的确是"新考古学"的时代。正如下文将要叙述的，这二十年却是中国大陆考古学与欧美考古学完全隔绝的时代。等到中国大陆的考古学家开始知道这些探索和争论的时候，那已经是1980年代后期的事情了，"新考古学"的黄金时代已经过去，在后现代主义思潮影响下的"后过程主义"考古学已经在冲击渐显苍老的过程主义考古学。

（二）后过程主义考古学（post-processual archaeology）以及当代西方考古学的多元化

　　过程考古学的批判和冲击精神，导致很多人对他们进行挑战。这些批评被统称为"后过程主义考古学"。与过程主义考古学首先出现在美国不同，后过程主义考古学的理论首先发源于英国，但很快影响到美国。其主要理论观点在1970年代后期开始出现，至1980年代中期形成高峰。

　　后过程主义考古学实际上包括很多派别，其共同点是批评过程主义考古学的理论和方法，否认人类过去的发展规律可以通过科学方法来理解。其指导哲学是历史相对论，即我们所认识的人类的过去是相对的，是受制于多种因素的，没有绝对的单一的过去。英国的主要代表学者有 Ian Hodder、Michael Shanks、Christopher Tilley

等。在美国，Mark Leone 和 Margaret Conkey 等是较早公开反对过程主义考古学的学者。

后过程主义考古学虽然很庞杂，但在理论上和具体原则上还是有共同特点的。其主要论点可以简单地归纳如下[8]：

1）他们一般认为考古学所研究的过去是相对的，考古材料既受制于创造它们的时代，也受制于发现和解释它们的考古学家生活的当代。他们一般不相信考古学能够客观地研究古代文化行为的发展规律。他们认为考古学家在研究过去的文化时，总是受制于其个人的信念和所处的社会状态。过去是相对的、特殊的，对过去的探索搀杂着研究者个人的社会因素。人类的过去不只有一个，而是多个，不同的人所理解的过去是不同的（Different Pasts）。

2）他们反对过程考古学把物质文化作为人类适应环境的产物的思路，认为物质具有符号意义。物质文化与人类社会的关系不是被动的反映关系，而是主动的参与关系。物质文化通过符号和意义调节社会的变化。考古学家应该积极研究过去的精神文化和古人所赋予物质遗存的符号意义。他们批评过程主义考古学对人类精神文化的忽视，使考古学已经不能和世界人类学的新发展保持一致。只有超出这一束缚，考古学才能像人类学那样研究一般社会科学和人文学科的问题，如性别、权力、思想、结构和历史。

3）他们更注重将考古学的研究成果应用到解决当代问题和服务当代社会。强调考古学家对遗址和遗物的解释必须要与当代社会或社群相结合，要与当代社会对话。在 Ian Hodder 主持的土耳其的考古发掘项目中，他把对当地居民的采访作为研究遗址意义的重要一环。这种积极参与当代社会的态度和做法促进了公众考古学的发展，也刺激了博物馆展览内容和解释的变化。

后过程主义考古学出现的社会背景是与大的西方社会背景的变化分不开的。后过程主义考古学是西方文学艺术和社会科学中后现代主义的一部分，是相对主义哲学观在考古学中的反应。

自 1990 年代中期以来，除少数极端学者外，过程主义和后过程主义考古学开始走向融合，两派均开始采纳对方合理的成分。有些人将这种融合后的考古学称为"后后过程主义考古学"（Post-post-processual archaeology）。

目前，绝大多数西方考古学家都支持这一原则：人类的过去是极其复杂的，但只要考古学家积极探索各种技术，并勇于克服各种个人的和社会的观念束缚，人类的过去是可知的。正是因为这一融合的趋势，西方考古学呈现出理论多元化的色彩，各种新概念层出不穷，使整个学科显得相当活跃。对美国考古学界而言，历史考古学的兴起，极大冲击了传统的人类学的主导模式。当代的美国考古学已不再仅限于研究原住民的史前文化，自欧洲殖民时代开始甚至建国以后的历史遗迹，都已经成为考古学研究的内容。中美洲考古因为文字的破译，也带来了很多历史问题的研究。长期以来被考古学所忽视的历史问题，现在成了考古学不得不面对的问题。很多新概念和模式都是在历史考古学中先兴起的。尽管人类学的传统仍然很强大，也有很多学者仍然强调美国考古学的人类学特色，但历史学的概念和模式已经在冲击和改变美国考古学的框架。这一变化也使得美国考古学和欧洲考古学在理论和概念上更加融合，因为欧洲考古学从一开始就是与历史学密不可分的。

当代欧美考古学界对物质文化（material culture）研究的再思

考，也带动了一系列新概念和新课题的产生。从根本上讲，考古学的研究对象是物质文化。如何更有效地探索物质背后的人类行为信息，一直是考古学关心的问题。当代欧美考古学对这一问题的新思考，也是对考古学未来概念和方法论的新探索[9]。目前的概念很丰富，如科林·伦福儒（Colin Renfrew）的"物质互动论"（Material engagement theory），Christopher Tilley 提出的"物质文化文献论"（Material culture as a written text），Martin Wobst 和 Margaret Conkey 等提出的"物质文化语言论"（Material culture as a language）以及从经济人类学中借鉴而来的"媒介论"（Agency theory）等。当代欧美考古学的另一个重大变化就是性别考古学对传统考古学概念和解释模式的冲击。这是自 1980 年代持续影响西方考古学的一股重要势力，目前仍很活跃，势力很大，在很多方面都在挑战传统考古学的很多思维定式。

受新实用主义（new pragmatism）思潮的影响以及遗产保护的需要，应用考古学（applied archaeology）在当代欧美考古学中也变得日益重要。其探索的概念和方法已经对考古学的传统课题产生了冲击。

四、中国考古学与西方考古学的互动历程

当代中国考古学自诞生之初，就一直与国际考古学界保持着互动关系。但是，随着中国国内政局的变化，这种互动关系也是在不

断变化的。简单地讲，中国考古学和西方考古学的互动历程可分为以下四个阶段。

（一）第一阶段：1921—1949 年

1920 年代是中国考古学的初创时期，也是欧美考古学理念和技术介绍到中国并在中国生根的时期。具有开创意义的野外工作或由外国人或外国团体单独进行，或由从欧美留学回来的学者主持。所以，中国的田野考古学在开始之初，就与欧美考古学界有着密切的联系。最突出的影响是地层学作为田野发掘的基础被确立，而类型学作为研究出土器物的方法被广泛接受并不断完善。不过，欧美学者当时介绍进来的很多田野发掘工具和取样方法，也持续对中国考古学后来的田野实践产生影响。最突出的就是手铲和毛刷的使用，最初是由美国自然博物馆的中亚考察团介绍到中国的，并一直使用到现在。

学术界一般以 1921 年作为当代中国考古学的开始，主要是因为瑞典地质学家安特生发掘了仰韶村遗址。至 1949 年中华人民共和国建立，由外国人独立主持发掘或与中国学者合作发掘和调查的项目很多。安特生的独特之处是他在发掘了仰韶以后，又到甘肃发掘了一系列遗址，建立了一个中国史前文化的发展序列，并提出了著名的"中国文化西来说"。可以说，一直到 1949 年，中国考古学家主要的讨论议题都和安特生的这个学说有关。不过，由于安特生是一个地质学家，在发掘考古遗址过程中尽管很注意观察和描述地层的变化，但其采用的仍是地质学的方法，以水平层位来记录遗物的出土地层关系，造成了很多混乱。如后面将要叙述的，直到1950年代，中国考古学者仍在耗费很大的精力来清理安特生的地质采样式发掘所导致的年代混乱，以及由此而造成的解释性错误。

1926年由李济先生主持发掘的山西夏县西阴村遗址，一般被认为是中国人主持发掘的第一个遗址。但是，这个发掘项目实际上是李济先生当时供职的清华学校研究院和美国弗利尔美术馆（Freer Gallery of Art）的合作项目。弗利尔美术馆提供了发掘经费和器材，并请地质调查所派袁复礼先生来协助发掘。李济先生采用了探方发掘法，将发掘区分成8个2×2米的探方，以一个总基点来详细记录出土遗物的三维坐标位置，并在每个探方的交界处留一个圆形土柱来了解和验证地层的变化。这些在当时都是具有开创性的野外技术。不过，他采用的也是水平层位发掘方法，以1米的深度来划分地层，虽然在野外也注意到了在这些层之间可能会有扰乱和打破现象，但还是没能真正将复杂的文化层分开。李济先生在陶片的类型学分类上也做了一些探索。这些方法都没有对后来的中国考古学的概念和技术造成持久影响。但是，西阴村发掘所提出的中外合作模式和条件，在当时却具有开创性的意义。根据李济先生的描述，清华学校研究院在与弗利尔美术馆的考古项目负责人毕安祺（Carl W. Bishop）交涉以后，达成了如下合作协议[10]：

1）考古团由清华学校研究院组织。

2）考古团的经费大部分由弗利尔艺术陈列馆担任。

3）报告有中英文两份；英文版由弗利尔艺术陈列馆出版，中文版由清华学校研究院出版。

4）所得古物归中国各处地方博物馆或暂存清华学校研究院，

俟中国国立博物馆成立后归国立博物馆永久保存。

这种合作条件在军阀混战、文物大量外流的 1920 年代的中国是非常难得的，充分体现了李济先生作为一位具有强烈的爱国精神的学者所秉持的公正的国际合作理念。弗利尔美术馆自 1923 至 1934 年之间，在中国积极寻求合作单位，并做了一系列的考古发掘和调查工作。李济先生在加入中研院之前，一直与他们有密切的合作。在李济和袁复礼先生发掘西阴村期间，毕安祺也曾专门过来参观，并对他们的发现进行了评价。后来弗利尔美术馆也一直把西阴村的发掘当作他们在中国进行合作考古的一个案例。

西阴村的合作模式的确是一个重要的中外合作考古的开端。如下所述，在 1991 年中国大陆再次开放中外合作考古项目时，其合作的基本框架仍然是西阴村的这个模式！

不过，从考古学的概念和田野技术方面来看，真正对后来的中国考古学产生了深刻影响的，是在美国哈佛大学受过教育的梁思永先生和在英国伦敦大学受过教育的夏鼐先生，以及历史语言研究所所做的一系列考古工作。从这个意义上讲，美国和英国的考古学概念和技术都对中国考古学后来的发展产生了重大影响。

1. 地层学理论和技术在中国的确立

梁思永先生对地层学在中国的确立具有开创之功[11]。如上所述，梁思永先生在留学哈佛大学期间，曾跟随祁德参加过发掘，系统地学习了由祁德所倡导的以土质土色为标准的划分地层的方法。1930 年，梁思永毕业后加入了中研院历史语言研究所。1931 年，他在河南安阳高楼庄后冈三叠层的成功发掘，奠定了中国田野考古学的技术基础。在发掘过程中，梁思永不仅根据土质土色的变化来划分地层，而且还根据这些文化层的位置来提取和记录遗物。在室内整理时，这种野外发掘方法又使梁思永可以根据遗物的变化，将后冈的地层从上到下分成三大层：第一层为小屯商文化层，第二层为龙山文化层，第三层为仰韶文化层。这个地层序列为解决当时争论不休的仰韶和龙山文化的关系提供了地层依据，也从此奠定了后来中国考古学田野发掘的基础。陈星灿对梁思永在后冈发掘的意义做了中肯的界定："我们基本上可以认为后冈的发掘结束了以往人为的水平层位的发掘，而开辟了以文化层为单位的发掘历史。"[12]直到今天，中国大陆的野外处理和观察地层的方法仍然遵循着梁思永先生在后冈开创的模式！

1945 年，夏鼐先生在甘肃宁定县阳洼湾的发掘，进一步完善了这种以土质土色来区分地层的方法，并展示出了这种方法在解决重大学术争论问题上的潜力。根据夏鼐先生的描述，在发掘第2 号墓葬时，他将墓葬的填土分成上下两部分。上半部的填土与墓葬周围的表土层类似，经过后期的扰动。但下半部的填土是很坚实的棕黄土，没有经过后期的扰动。就在这层填土中，发现了两片马家窑文化（当时统称甘肃仰韶期）的彩陶片。夏鼐先生成功地将齐家文化墓葬的随葬品和填土陶片区分开来，首次证明了马家窑文化早于齐家文化，从而推翻了安特生所建立的甘肃地区的史前文化年代序列，并为重新探讨彩陶文化的起源提供了重要的年代学证据。这在当时是一个重大的学术突破！夏鼐先生在 1950年代通过田野培训班和社科院考古所的培训将这种田野技术传授给了一大批中国考古学家，从而奠定了中国大陆田野考古学在野外观察和处理地层的基本技术。可以毫不夸张地说，由梁思永和夏鼐先生介绍和实践的地层学原理和技术，才是当今中国考古学的田野技术的源头。

2. 类型学原理在中国的建立和实践[13]

中国考古学家用类型学的方法来研究出土的材料，最早开创于李济和梁思永先生对西阴村陶器的研究。1926年李济在发掘完西阴村以后，就对陶器进行了类型学研究。他将陶片分成12类，这是中国学者首次应用类型学研究单个遗址出土的史前陶器。这12类陶片包括：1）粗灰；2）绳印灰；3）凝暗；4）绳纹橙红；5）橙红；6）油光红；7）厚的油光红；8）皱皮；9）带槽的；10）具凸纹的；11）素白；12）全彩。显然，李济基本上是描述这些陶片的颜色和纹饰，没有考虑陶片的质料，更没有涉及各类陶片之间的重合或等级关系。

相比之下，梁思永先生在类型学的探索上比李济先生要更进一步。1930年他发表了《山西西阴村史前遗址的新石器时代的陶器》，他首先将具有器型特征的口沿、器底、柄把与没有器物特征的陶片分开。他从5个级别对陶片进行了分类。首先将陶片分成"无彩陶"和"彩陶"，在这个等级下再以陶质分成"粗陶"和"细陶"，第三个级别则是陶衣和磨光，第四个级别的标准是颜色，第五个级别主要是针对彩陶进行的分类。他还在中国考古学界首创了用符号来代表不同的分类级别，即用三层符号来代表前三个等级：第一级别A代表"无彩陶"，B代表"彩陶"。第二级别则是用I代表"粗陶"，II代表"细陶"。第三级别则分别用a（无陶衣或地色、磨光），b（带地色和磨光），c（带陶衣）来代表有无和不同的陶衣与底色。譬如，BIIc就代表带陶衣的细陶彩陶片。

对于有器型特征的口沿等，他同样采用了不同的符号将其分成四个级别。第一等级用罗马数字Ⅰ、Ⅱ代表，第二等级用大写的拉丁字母A、B代表，第三等级用阿拉伯数字1、2表示，第四等级则用小写的拉丁字母a、b来代表。

在分类系统上，梁思永先生的这个体系显然比李济先生前进了一步。这种分类方法对当时的中国考古学者影响很大，甚至一直影响到今天的中国考古学。1931年梁思永对安阳后冈三叠层的区分，实际上也是建立在类型学比较的基础上的。他将发掘的材料和当时已知的考古材料做了全面的类型对比，才最后确定了三层文化遗物各自的属性。

如果说李济和梁思永先生是通过实践开创性地将美国考古学界的类型学方法介绍到了中国，那么欧洲考古学的类型学理论和方法最初是通过翻译的方式对中国考古学产生影响的。蒙特留斯的类型学方法论著作在1930年代被翻译成中文，在中国出版了两个版本。最早的版本是1935年由郑师许、胡肇春翻译的《考古学研究法》，先在《美术世界》分期发表，1936年由世界书局印成单行本。1937年，藤固翻译成《先史考古学方法论》，由商务印书馆出版。非常有意思的是，这些翻译者都不是考古学家，而是研究美术史的学者。这本书对于中国学术界了解欧洲的考古学方法有很大影响，其介绍的类型学研究方法对苏秉琦先生影响最大。苏秉琦先生在1948年发表的《斗鸡台沟东区墓葬》报告中，将蒙特留斯的类型学方法应用到陶鬲的研究中。根据形制和制法，苏秉琦将陶鬲分成类（型）、小类（亚型）、组（式），利用器物的共存关系，对整个墓葬群进行了分期。这种方法直到今天仍是中国考古学遵循的类型学方法。从这一点来讲，欧洲考古学的类型学方法对后来的中国考古学产生了深远影响。

（二）第二阶段：1950—1984 年

由于中国特殊的国情，这一时期中国考古学界和欧美考古学界基本上是隔绝的。虽然 1950 年代曾经与苏联考古学有过接触，但直到 1970 年代末期，中国考古学界基本上没有和欧美考古学界发生直接联系。所以，当过程主义和后过程主义考古学在欧美世界彻底改变考古学的思潮和实践的时候，中国考古学在一个自我封闭的环境中以顺应中国政治格局的方式在自我演变。不过，与第一阶段的中国考古学相比，从宏观角度来看，中国考古学这一时期的主导思想是马克思主义，并在很长一段时间内模仿苏联。所以欧洲的理论仍然以不同的方式在主导中国考古学。虽然李济先生离开了大陆考古界，但梁思永、夏鼐和苏秉琦先生却在大陆将第一阶段中国考古学所奠定的田野方法和类型学实践发扬光大，使得中国考古学在特殊的政治环境下仍取得了前所未有的成就。

一个有意思的现象是，从概念的层面来看，欧洲的考古学文化概念在这一时期深刻地影响了中国考古学的研究。这要归功于夏鼐先生的推动。在中国田野考古材料日益丰富的情况下，如何研究史前时期的物质文化的时空差别成为一个亟待解决的问题。夏鼐于 1959 年发表了《关于考古学文化的定名问题》，把英国考古学家柴尔德（V. Gordon Child）在 1930 年代发展出来的文化观介绍到中国，并使其在中国考古学的实践中深深地扎下了根，对中国考古学产生了深远的影响。

在这个文化概念的基础上，1975年，苏秉琦先生在吉林大学演讲时，进一步发展出了"区系类型"概念。这一概念在1983年出版的《苏秉琦考古论述选集》的编后记中，被俞伟超和张忠培先生作为考古学中国学派的核心特征之一。这篇编后记后来又发表在《文物》1984年第1期上，其影响一直持续到现在。

（三）第三阶段：1984—1990年

1984年8月至9月，时任哈佛大学教授的张光直先生先后在北京大学和山东大学发表了一系列演讲，从多方面介绍了西方考古学的理论和概念。张先生在北大讲了三个星期，在山大讲了两个星期，但题目是一样的。这些演讲在1985年被编辑为《考古学专题六讲》出版[14]。这六讲的题目是："中国古代史在世界史上的重要性""从世界古代史常用模式看中国古代文明的形成""泛论考古学""考古分类""谈聚落形态考古""三代社会的几点特征"。张先生自嘲这些题目是构成考古学这个大题目的"一小篮子大杂拌"。他用自己参与美国考古学理论辩论的切身体会，并结合中国考古学的个案，详细介绍了他个人对考古学一些基本概念的认识，对当时中国考古学界，尤其是当时的学生认识西方考古学产生了重要影响，其中影响最大的是聚落考古学。

张光直先生在1980年代，陆续邀请了部分中国考古学者到哈佛大学访问，不少学者因此也改变了对中国考古现状的认识。其中转变最大的是俞伟超先生。他在 1983 年 9 月至 1984 年 6 月在哈佛—燕京学社做访问学者，与张光直先生和其他美国学者有过密切的交流。这段访学经历，彻底改变了他对美国考古学和中国考古学当时现状的看法。他对美国考古学家在理论和方法上的创新精神感触很深。1990 年，俞伟超先生在《东南文化》第 3 期上以与张爱冰访谈的形式发表《考古学是什么？》一文，对中、美考古学的现状进行了对比。他感叹道："美国人富有创新精神，新理论、新流派出现的速度很快，99% 可能错了，但那 1% 还是比你多。"俞伟超当时的判断是：就全球范围而言，中国考古学明显落后于欧美考古学一个阶段。中国考古学仍在建立文化体系，还没有进入欧美考古学自 1960 年代就已经转型成功的第三阶段，即解释阶段。同时他也放弃了"中国考古学派"这一提法。俞伟超先生的这一认识在当时的中国考古学界引起了很大反响。

但是，最具冲击力的还是 1992 年俞伟超与张爱冰合作发表的《考古学新理解论纲》(《中国社会科学》1992 年第 6 期)。他提出了考古十论，从十个方面来定义考古学的理论、方法和目的，可谓中国式"新考古学"的宣言：

1）层位论；2）形态论；3）文化论；4）环境论；5）聚落论；6）计量论；7）技术论；8）全息论；9）艺术论；10）价值论。

俞伟超自己也认为，他的某些观点，在当时的世界范围内也是激进的，特别是全息论。不过，他不仅只是从理论上梳理中国考古学的前景，而且付诸实践。他主持了河南班村遗址的发掘和研究，尝试应用"新"考古学论纲中的理论观点。他还在中国历史博物馆内力推计算机在考古研究中的应用、环境考古以及水下考古，努力开拓考古学的新领域。

尽管俞先生建立一个全新的中国考古学的愿望很迫切，但他本人也对考古学本身的局限性有清醒的认识，或者说焦虑：

> 作为一个考古工作者，我经常感到自己的渺小，我们所接触的，总是人类文化的一个局部，一个时段，有时甚至是不成样子的碎片，而却总是心怀着追求人类文化发展的总规律的理想。这个愿望不管强烈与否，在每个人的潜意识中都是存在的，而且不管有意还是无意，我们一直都在这么做着。然而，我们能够做到吗？这个问题使我苦恼了很久。[15]

不过，俞先生认为全息论给他带来了希望。全息论主张碎片仍然是整体的缩影，所以零散的考古材料可以反映社会的全貌，关键是要分析。俞先生由此认为，中国考古学必须重返社会科学的大家庭，去研究人类文化中的一些根本性的问题。

俞伟超先生的这些新颖论点，再加上他个人的魅力，在当时的中国考古学界引起了巨大反响。很多年轻学者和学生对此非常兴奋。但是，他也遭遇了强有力的反对者。第一个公开挑战俞伟超先生的是张忠培先生。张忠培于1992年10月24日在《中国文物报》上发表了《考古学当前讨论的几个问题》，针对俞伟超的十论进行了针锋相对的批评，尽管没有公开点名是批驳俞伟超。

俞伟超与张忠培的辩论在一定程度上反映了当时中国考古学界思想之活跃。身在美国的张光直先生对这个争论非常关注。1994年5月8日，张光直先生在《中国文物报》上，以《从俞伟超、张忠培二先生论文谈考古学理论》为题，对中国考古学界出现的这个现象进行了评论，并对中国考古学界对理论的探索寄予厚望。张先生觉得当时中国考古学界与美国考古学界 1960 年代的气氛很相似："积极、开放、创造、剔除陈腐、充满希望，许多年轻人整装待发！"不过，张先生也忠告中国考古学者，应当汲取美国考古学的教训，不要让某一个理论独大，而是要多元化，"让各种不同的做考古学的途径，互相竞争，或彼此截长补短，不必一定要辩论到你死我活"！很可惜的是，张先生的这个意味深长的忠告在当时的中国考古学界似乎没起到作用。

尽管辩论是激烈的，1990 年代初的总体气氛使很多考古学者，尤其是年轻的学者和学生积极学习和了解欧美考古学的理论。在这种总体氛围的推动下，相当一部分西方考古学的理论和方法文章被翻译到国内，进一步促进了学术界对欧美考古思潮的理解和辩论，同时也为越来越多的中外考古合作项目奠定了一定的思想基础。

1990 年代初期的这些思辨，对今天中国考古学的状况产生了重大影响。虽然传统的势力仍占据主导地位，但年轻一代中的很多人开始在实践中探索中国考古学的新方向，并最终促进了当今中国考古学多元化格局的形成。这不仅只是理念上的抽象思考，更重要的是很多学者为实现这些理念而进行了技术上的创新和应用。可以说，1990 年初期中国考古学界的思考和辩论，拉近了中国考古学与西方考古学的距离，为随之而来的中国学者与欧美学者的合作研究奠定了思想基础。可以说，中国考古学的"改革开放"就是在 1990 年代初的这些讨论的基础上才开始的。

（四）第四阶段：1991 年—现在

1991 年中外考古合作条例的颁布和实施，为外国学者来中国进行田野合作铺平了道路。过去三十年来，中国考古学界与欧美等西方考古学界的合作经历了一个复杂的过程，从最初的存在隔膜到今天的相对默契，中外考古学界的互动已空前密切。在合作的深度和广度上，已经远远超过了中国考古学产生之初的 1920—1930 年代。中国考古学家对世界考古学界的陌生感在日渐消失，世界考古学界对中国考古学的认识也在加深。最为重要的是，年轻一代的学生有了更多的机会来学习和体验西方考古学。可以说，中国考古学与西方考古学目前的联系之密切是历史上从未有过的。

一个有意思的现象是，在实用考古学方面，中国考古学界表现出了对世界考古学界少见的热情。公众考古学本来也是一个欧美发展出来的概念。虽然中国考古学界也一直有人推动学术研究的普及化，但一直没有成为考古界的主流。这种情况在过去的十余年中发生了很大变化。公众考古学的概念被介绍到中国以后，随着互联网技术的进步和国内大众对古代文物的好奇，其普及和热闹程度前所未有。

但是，在这种似乎很繁荣的局面中，我们必须正视中国考古学在世界考古学中的位置，即无论是在技术上，还是在概念上，中国考古学仍然处在被动接受的位置上。技术方面，中国考古学在过去的二十年间，发掘技术与实验分析技术都在快速改进。今天的中国考古学界的研究手段已经与世界考古学界差距不大。我们很多大学的考古实验室的设备之先进和精良已经让很多世界同行羡慕。我们在野外投入的科技考古的力量也绝对不亚于世界上任何一个国家的考古队。但是，一个严峻的现实是，我们目前所应用的很多技术仍然是从西方引进的。可以说，这些技术的再引进，是自类型学和地层学引进以来中国考古学界的另一次技术革命。中国考古学在技术上仍然没有摆脱西方，这是我们不得不面对的现实！

　　显然，如果中国考古学要对学科的发展做出突出贡献，除了全面了解西方当代考古学理论流派之外，最重要的是需要在概念创新方面付出艰苦的努力。从这个意义上讲，俞伟超先生1990年代初呼吁的考古学家应该实现从发掘匠到思想家甚至诗人的转变，在今天的中国考古学界仍具有深远意义。

贰 考古学文化概念的产生和演变

一、引 言

"文化"概念对中国考古学的影响最为深远，是当代中国考古学的核心概念之一。在 1959 年夏鼐先生根据英国考古学家柴尔德的考古学文化理论统一了中国考古学界的认识之前，文化概念在中国考古学中的使用相当混乱，命名方式很多，对如何定义考古学文化，并没有明确的认识。1959 年，夏鼐先生介绍了柴尔德界定考古学文化的三原则，即命名一个考古学文化必须要有一组独特的遗迹和遗物，这组遗存经常共存于一定的时期，有一定的分布地域[16]。半个世纪以来，这一定义标准一直为中国考古学界所坚持，使"文化"成为中国考古学尤其是新石器时代考古学最重要的概念之一。追溯柴尔德（V. Gorhon Child）所使用的考古学文化概念的形成过程，是理解中国考古学中这一重要概念源头的关键。

纵观西方考古学一个多世纪的发展历史，文化概念经历了一个从无到有，再到被扬弃的变化过程。在欧美考古学之初，是不存在"文化"这一概念的。但是，20 世纪早中期，文化成为欧洲考古学最重要的概念之一。但在 1960 年代以后，这一概念却受到了严重冲击，并最终被很多学者所放弃。在当代西方考古学中，"文化"已经不再是一个很重要的词汇。但是，这绝不是说西方考古学者不关心考古材料的区域特征。相反，对物质文化所反映的区域差异和社会界限的探讨，一直是当代西方考古学长盛不衰的课题。不过，他们所使用的概念已不再是文化，而是一般人文学科中共同关注的"风格"（style）"认同"（identity）"族群"（ethnicity）等概念和议题。因此，追溯西方考古学文化概念的演变过程，或许对于中国考古界重新思考这一重要概念的含义和局限有所启示。

二、无"文化"的西方考古学
（19 世纪早期至 20 世纪初）

19 世纪初期，当西方考古学还处于初创阶段的时候，考古学家们是不知"文化"（culture）为何物的。对于他们来说，研究古代的遗存就是要建立起相对的年代顺序，进行分期。所以，在汤姆森（Christian Thomsen）1836 年提出石器—青铜器—铁器三期系统，并由沃尔索（J. J. A. Worsaae）以野外材料证明后不久，法国考古学者们就根据他们的发掘，提出应把石器时代分成早、晚两期，因为他们认为自己找到了比汤姆森的石器还要原始的石制品。1865 年，英国考古学家拉布克（John Lubbock）就正式提出了"新石器"（Neolithic）和"旧石器"（Paleolithic）两个名词，三期说变成了四期说。

1872 年，英国学者何德·宛斯特普（Hodder Westropp）认为在新、旧石器时代之间，还应存在一个过渡阶段，他把这个阶段称为"中石器时代"（Mesolithic Period）。尽管他的这一提法在当时影响不大，后来甚至曾被一度遗忘，但在 21 世纪初 G. Clark 的专著《不列颠的中石器时代》出版以后，越来越多的学者接受了这一时代。在 20 世纪末，意大利、匈牙利、德国、英国和法国的考古学家几乎同时提出，在新石器时代和青铜时代之间也有一个过渡阶段，意大利的学者称这个时代为"后新石器时代"（Eneolithic Period），而法、英、德和匈牙利的考古学家则把它叫作"红铜时代"（Copper Period）。在短短的半个多世纪内，欧洲的考古学先驱们就急急忙忙地把汤姆森的三期系统翻了一番，并奠定了现代考古学的时代划分的基础。

不仅如此，他们还在每个时代之内进行细致分期。1869 年法国考古学家 G. 德·莫尔蒂耶（Gabriel de Mortillet）借用地质学命名的方法，以首次发现的遗址为名称把法国旧石器时代分成莫斯特、梭鲁特、奥瑞纳、马格德林四期。后来他们又对这一分期方案进行了修改，按年代早晚把法国的石器时代分为六期：1）特奈期；2）舍利期；3）莫斯特期；4）梭鲁特期；5）马格德林期；6）罗本豪森期。1880 年代，瑞典考古学家蒙特留斯（Oscar Montelius）进一步发展汤姆森的考古类型学方法，并成功地建立了欧洲青铜文化的年代序列。根据共存器物的分期排队，蒙特留斯将欧洲的青铜时代分成六期。在后来的十年中，蒙特留斯又将欧洲的新石器时代分成四期，铁器时代分成十期。

上面叙述的仅是各种分期方案中较有影响的几种，实际上，当时的分期方案是很多的。在 1875—1900 年之间的 15 年里，关于不同时代的分期方案就有近十个。而且，分期的方法也不一样，有些学者甚至以古生物的名称来命名考古学的分期。对这一时期的考古学家来说，详细区分人类历史不同的时间阶段似乎就是考古学的任务。

但并非所有的人都只关注于纵向的排列研究，横向的，即考古遗存地域差异性的现象也早就被注意到了。早在1858年和1873年，汤姆森的后继者沃尔索就提出，应该首先把青铜时代的欧洲分成不同的地域，然后才能进行研究。法国考古学家商特赫（Chantre）在其《青铜时代》（*L'Age du Bronze*）一书中，则更进一步把青铜时代的欧洲分成三个地区，即：乌尔兰、多瑙河和地中海地区。卡皮唐（Capitan）在研究法国新石器时代的遗存时，把它们分成五组。

这些探索实际上提出了一个问题，即考古遗存的区域差异性问题。就不同类型的遗存所进行的上述概括性的地理划分，反映了他们在解决这一问题时所作的努力。但是，他们还认识不到，这些不同的区域所反映的实际上乃是不同人类群体的物质文化，同时也没有提出一个有影响力的概念来描述这些区域现象。在这个意义上，可把19世纪的考古学称为"无文化"的考古学[17]。

三、"文化"概念的引用及其意义
（1900至1920年代）

摆在20世纪初期考古学家们面前的任务，除了继续建立更加细致的编年体系外，又多了一个新的课题，即他们必须从理论上解决如何对待古代遗存的地域共性和差异性问题。发掘资料的增加，表明考古学的分期与地质分期是不同的，前者不可能像后者那样具有全球意义，甚至在全欧洲也不是统一的。相近地区人类遗存的相似性和不同地区的差异性，使当时的考古学家们陷入了这样一种矛盾之中：具有普遍意义的分期名称却又不能代表着普遍的文化内涵。这种同时代的不同地区的差异性和相同地区的共同性的现象，迫使考古学家需要找到一个适当的名词对他们进行描述和分析。"文化"的概念便因此被引用到考古学中来了。

英国考古学家 G. 丹尼尔（Daniel）在分析"文化"概念被引用到考古学中时，列举了四个方面的原因[18]：

第一，原来认为属于不同时代的遗物，后来发现竟然共存在一个地层中，这是导致"文化"概念被引入的最直接原因。1909 年，步日耶（Breuil）和奥伯迈赫耶（Obermerier）在西班牙北部的洞穴中发现了典型的阿齐尔（Azil）石器与典型的塔登诺瓦（Tardenois）石器共存在一起，在这之前，人们以为阿齐尔和塔登诺瓦属于中石器时代的两个不同时期。这一现象使当时的人们大惑不解，甚至引起了对三期系统的怀疑。

第二，考古发掘从原来有限的几个地点，尤其是从法国扩展到了全欧洲，并且在非洲和世界其他地方也进行了一些发掘。眼界的扩大使人们认识到，莫尔蒂耶所精心建立起来的分期系统并不是放之四海而皆准的体系。

第三，一些史前学家，采用不同于传统考古学家的方法来研究在雅典和近东发掘的材料，在理论上对传统的考古学进行了冲击和补充。例如，施里曼（Schliemann）在研究迈锡尼（Mycenaean）

出土的遗物时，并没有把它们纳入石器时代或青铜时代的框架中去，而是直接称它们为"迈锡尼文明"（Mycenaean civilization）。阿瑟·伊文斯（Arthur Evans）也把他在诺索斯（Knossos）发掘到的遗物叫作米诺文明（Minoanian civilization）。而且，地中海东岸的这些文明除了在其内涵与复杂程度上与西欧和北欧的时期有所不同外，在本质上与时期是相似的，这就使考古学家意识到，他们常常描述为同时代的各个"期"，实际上就是"文明"的不同类型。既然如此，史前学为什么不能把诸如"莫斯特期"改称为"莫斯特文明"呢？

第四，一些考古学家吸收了当时人文地理学和人类学的一些理论和思想。当时，文化的概念在人类学中已被普遍使用，它不仅指当代原始民族中的精神、风格和制度等意识形态的东西，同时也指其工具、房屋等物质形态的成就。20世纪初，正是人类学中历史学派兴盛的年代。为了脱离和批判19世纪中期以来流行的进化论人类学家寻求普世的人类文化分期模式，德奥历史学派的学者和美国的博厄斯（Boas）等发展出了一整套系统而又复杂的"文化地区"理论。他们根据在世界各地所收集的民族志材料，把物质文化、风俗习惯、信仰、制度等分别划归不同的"文化"或"文化群"。这种划分的基础与考古学材料的地域共同性是相同的，只不过一个指近代和当代的，一个是古代的。人类学中用"文化"来命名这种共同性的方法，无疑对当时正在困扰中的考古学家是一个很大的启示。考古研究的深入表明，用单纯的时间序列无法解释的地域共同性现象，如果采用一种既含有时间又含有地域的观念，即文化的观念，则可以得到圆满的解释。采用地理学的方法，详细做出各种文化类型的分布图，并且把研究范围扩及整个欧洲乃至全世界，问题也就变得明朗了，原来考古学家在各地所研究的乃是文化序列，而不仅是时期的交替。

学术界一般认为，真正系统地将文化概念应用到考古学研究中的，应当是德国考古学家柯西那（Gustaf Kossinna）。他进一步发展了德奥历史学派的文化圈学术传统，在1911年出版的《日耳曼人的起源》（Die Herkunft der Germanen）一书中，从理论和方法上对"考古文化"概念进行了论述。和德奥历史学派的很多学者一样，柯西那的方法是将物质文化的特征和种族等同起来。他相信不同种族所创造的考古遗物是不同的，物质文化的连续性也就是种族连续的标志。通过分析考古材料的分布区域和时代变化，考古学家可以追溯种族的起源过程和扩散范围。他把欧洲中部很多历史时期的民族的发源都通过物质文化的特征追索到了中石器时代甚至旧石器时代晚期。一个有意思的现象是，柯西那自称这种方法为"聚落考古学"（Siedlungsarchaologische Methode），而没有称其为文化考古学。不过，他所指的聚落不是具体的村落或遗址，而是一个族群的活动区域。这种方法显然承袭了19世纪晚期以来德奥民族学历史学派的文化圈理论和方法，但柯西那很少引述他们的观点，而自称是追随斯堪的那维亚学者的足迹。他的目标是要证明北欧史前文化的独立性和优越性，反对任何认为北欧依赖于或低于地中海文明的观点。柯西那虽然在考古学上有很大贡献，但他是一个种族主义者，一个狂热的德国民族主义分子。他鼓吹日耳曼人是最具创造力的民族，德国北部是印欧语系的发源地，而其他欧洲族群如斯拉夫人和哥特人则是劣等民族。他的这一观点后来成为德国法西斯主义最重要的理论基础之一，成为德国发动第二次世界大战的重要舆论工具(19)。

如果抛开种族主义和法西斯主义，从考古学发展史的角度看，柯西那用文化历史的观点来研究考古材料的方法是具有开创之功的。这一方法改变了当时欧洲考古学界只注重器物分期排队的方法，而开始解释区域的变化。他所提出的"文化"概念，为考古学界提供了一个解释考古材料时空变化的方法。虽然德国以外的其他欧洲考古学家几乎全部反对柯西那荒谬的种族主义和沙文主义结论，但却接受了他的文化概念和用历史的方法来解释欧洲材料的方法。

文化概念被引入到考古学中，从此便改变了考古学研究的性质。G.丹尼尔在论述这一转变的意义时曾说："这在史前物质遗存的研究上是一个彻底的变化，它标志着把人类作为一种动物进行研究转变成把人类当成真正的人类进行研究。一句话，就是对史前人类从采取地质学方法进行研究转变为用历史学和人类学的态度进行研究"。(20)

四、"文化"概念在欧洲考古学的发展和成熟
（1920 至 1950 年代）

在"文化"概念刚刚被引入到考古学中时，人们对它还比较陌生，理解也就不可能一致。"文化"有时指一群或一个地区的遗存，

有时则用来指一个遗址；而且当时较普遍的观念是一个陶器就可以代表一个族。出现这种混乱局面并不奇怪，因为一个新概念的产生，总要经历一个从不精密到比较科学的过程。

在考古学文化理论的研究中使这一过程告一段落的，便是英国考古学家柴尔德。柴尔德进一步发展了柯西那的文化概念，但抛弃了其种族主义和法西斯主义的成分。柴尔德本身对文化的理解也发生过变化。一直到1950年代末期，其文化理论才主导西方考古学界[21]。

当柴尔德开始其考古生涯时，正值考古学处于重要的转变时期。欧洲的考古材料已经非常丰富，只用分期的模式已经无法解释区域的不同。考古学家急需发现一种可以解释空间相同性的模式。就是在这一背景下，柴尔德把柯西那使用的文化概念进行了整理，并用来解释考古材料。在1929年出版的《史前多瑙河》一书中，柴尔德第一次明确写道：

> 我们发现一定形态的遗存——容器、工具、装饰品、葬制、房屋结构——经常出现在一起，这种特征有规律地联在一起的复合体（complex），我们应名之为一个文化群（cultural group）或就是一个文化。我们认为，这种复合体就是我们今天所谓的某个族的物质表现。只有在这一尚有疑问的复合体经常地独与某种具体的特殊体质类型的骨骼遗存共存时，我们才可用种族（race）一词来替代族。[22]

柴尔德对考古文化的这一定义尽管是描述性的，但在当时具有重大意义。因为在何种程度上才能使用文化一词这一问题上，当时较为混乱。考古学文化有时指一个遗址，很多学者则以某件或某类陶器来代表一个文化。考古文化与族的关系更是模糊不清。柴尔德的定义明确指出了，只有具有一群特定的特征，并经常出现在一起的遗存复合体，才是一个文化，才能代表一个族。他尤其强调了在考古学上"族"与"人种"的严格区别，无疑，在考古学史尤其是在史前考古学史上，这种界定是有重要意义的。它首先指出了命名一个考古学文化的标准，尽管这个标准仍然有很大的模糊性；它在较为严格的意义上把考古学文化与人类学的研究联系了起来，指出了考古学文化与族的对应关系。尽管柴尔德对这种关系的论述后来又有较大的变动，但在当时对澄清把考古学材料与族乱画等号的混乱局面，无疑起到了巨大的作用。他对种族与民族的区别，主要是为了批判当时德国法西斯利用考古学材料来吹捧日耳曼民族优越的谬论。从1929年的第一次定义考古学文化到1957年柴尔德逝世，世界各大洲都有了考古发掘，重要的发现层出不穷。柴尔德的伟大贡献就是在掌握大量材料的基础上，对考古遗存尤其是欧洲的史前遗存进行了理论性的概括。考古学文化的界定便是其理论的重要组成部分。

需要指出的是，柴尔德对考古学文化的界定和解释并不是一成不变的。对考古学文化的解释，零散分布在他的几部重要著作中。通过对这些论述进行系统的分析可以看出，他对考古学文化的定义可以分成三个不同阶段[23]：

第一阶段，1920年代末至1930年代中期。为了应对当时欧洲考古学界对考古学文化理解混乱的局面，这一时期柴尔德主要致力于如何界定考古学文化。综合起来，这一时期的柴尔德对考古学文化的认识可以归纳为如下几点：① 考古学文化首先是具有特定特征的类型品（trait）复合体；② 这种遗存复合体经常共同出现在考古遗址中，有着一定的分布地域，并且是同时代的；③ 这种复合体主要是物质的，但也有许多可以反映精神的东西；④ 这种复合体可以代表某个族，但却不能与种族简单画等号。

第二阶段，1930 年代中期—1940 年代中期。这一时期，以马林诺夫斯基（Bronislaw Malinowski）和莱德克利弗—布朗（Radcliff-Brown）为代表的功能主义人类学派在英国占据了上风。这一学派不注重研究文化的形态，而强调研究文化的功用，即文化的功能研究。马林诺夫斯基在《社会人类学》中明确写道："此种学说的目的，在以功能眼光来解释一切'在发展的水准'上的人类学事实，看这些事实在完整的文化体系内占什么位置。在这体系内各部分怎样互相联系，而这体系又以何种方式与周围的物质环境发生联系。总之，此学说的目的，乃在于了解文化的本质，而不在'进化的臆测'或'以往历史事件的重造'。"[24] 它把文化视为一个整体，着重研究这个整体内各组成部分的联系以及它们与外部环境的联系。柴尔德一向密切注意人类学的理论动向。功能主义的文化理论显然对他影响不小，这在 1935 年他为史前史学会作的题为《史前史方法和目的的改变》的演讲中明显反映出来："把活的人类社群当作功能有机体进行研究，给考古学家指明了研究其材料的方法。这种研究也使文化概念的定义和阐释走向正确化。"[25] 在这篇讲稿中，他对原来的文化定义做了较大修改和增补："工具和耕地，器物和房基，表明了社群在寻找日常的食物和避所的活动中所使用的设备；他们生产和耕作的技术反映了群体为此目的所具有的科学知识和集体经验。用一个生物学的术语来说，我们是把物质文化看成是对环境的适应。"柴尔德不再把文化当成是一堆死的化石或珍玩，而是看成一种活的功能组织。他强调，考古学家单纯地描述文化而不把它与其外部环境联系起来是不够的，应该把文化放到其适应的环境中去重建。同时，他仍旧坚持考古学文化的内涵有物质和精神之分。考古学家们不能完全拘泥于物质文化，还应该研究在考古材料中包含着可以划归为精神文化主导方面的东西。不过，需要指出的是，尽管柴尔德强调文化是对环境的适应，但并不认为文化的所有适应都是积极的。他指出精神文化的某些方面，例如迷信，就有可能对文化的进步起阻碍作用。

由于思考角度发生了变化，柴尔德对考古学文化的理解显然更深入、更全面了。他在更高层次上认识到了考古学文化的本质，认为文化绝不是哲学家从外部强加给考古学家的一个先天的范畴："文化是观察到的事实。田野工作者真正发现的是具体类型的工具、武器和装饰品，它们在一种类型的墓地和居住区重复地连接在一起，并与在另一种类型的墓地和聚落中发现的人工制品相区别。"[26]也就是说，考古文化是一个可以描述的客观现象，强调考古文化的可证性。在1942年出版的《历史上发生了什么》一书中，他清晰地论述了这一观点："考古学家们不仅仅根据功能把他们研究的对象划分成刀、斧、房子、墓等，而且还划分成不同'类型'的刀斧、住房和坟墓。这几种类型的刀或墓每种大体上都具有相同的功能……在每种功能类型中，考古学家们都可以在考古编年的某一特定阶段的特定地区区分出数种共同的类型。在某一特定地区这些认识到的共存类型合起来便被称为一个文化。"（27）比起第一个阶段来，柴尔德的另一个大的不同就是在认识考古学文化与族的关系上又前进了一步。他开始慎重对待这一问题，意识到考古学文化与某一社会单位之间不一定存在对等的关系："试图先入性地把某个社会群体与考古学家的'文化'对应起来似乎是唐突的。因为语言在社会传统的构成和传递中是极为重要的工具。具有某种特殊的'文化'的群体说的可能是一种独特的语言……但是，文化与语言并不一定完全重合。"（28）

　　第三阶段，1940 年代中期—1957 年逝世。1940 年代末至 1950年代初，考古学文化理论研究的深入使欧洲的考古学在文化的建立和区分上相当活跃。原有的文化被分割成几个小文化，新文化的出现也让人应接不暇。例如在英国，一直到 1928 年，在早期青铜时代中才只有一个以"大口杯"（Beaker）命名的文化，而到 1948 年，则至少有四种不同的大口杯文化被建立起来。柴尔德因此注意到，在这种文化的区分过程中必然有主观因素的渗入。他对这种主观性进行了分析："文化和社会都是抽象化的。严格地讲，没有两件手工制品是一样的。每一个工匠团体和这个团体中的每一个成员都有他们的习惯形制。没有两个村落的古物和类型品复合体完全一样。在定义一个文化时，决定何种特性应被忽略必然要有主观因素的渗入。坦率地讲，很难说何应视为单纯的个体而被抛弃，何应当作社会特征而被作为区分新文化的东西。"（29）考古材料本来就是浩繁庞杂的，把它们纳入文化的范畴中，必然会因研究者的理论观点和分类标准不同而有所出入，主观性是难免的。柴尔德虽然注意到了这种现象，但是如何解决这一问题，他却没能提出一套系统的建议。

这时的柴尔德，似乎对考古学文化这一概念的局限性有了更清醒的认识。他注意到，考古学文化首先是物质的，如果单纯地以此为标准，那么当代欧洲、北美和澳大利亚可以简单地划为一个文化，但实际上它们却是三个独立的社会和政治实体。柴尔德由此便变得小心翼翼了："对于考古学家来说，一个单位或社群中的群体应该享有同一种文化——例如，共同传统的物质体观。这样一个群体可能包括数个聚落或地方村社。我们或许可以称其成员为一个族，但我们却无权认为这个族在整体上说的是一种语言或作为一个行政单位，更不能认为这些人在生理上是相连的或属于一个种族。"（30）在1952年出版的《史前欧洲的移民》中，他更强调："假定一个文化的创造者和拥有者总是某一个单个的种族是没有任何基础的，因为一个文化的某些特征可能是从别的文化中传播过来的，文化的拥有者不一定就是创造者。而在遗传上属于一个种族的人群，如果生活于自然环境差异较大的地区，其文化也不一定相同。考古学的分类体系是独立于人类学和历史学之外的。考古文化作为考古学的一个分类单位，与人类学或历史学中的族的关系相当复杂。"（31）柴尔德虽然认识到了这种复杂性，但却没有进行更深层的研究。他一生曾多次论述考古学文化与族的矛盾关系，但如何解决这一矛盾，他却始终没能提出一套理想的理论。

这一时期的柴尔德还特别强调将考古文化的空间性和时间性区别对待。他认为，考古学文化只具有空间分布的意义，不能作为编年的标尺。在1935年所作的演讲中，他就曾告诫如果既把文化作为一种空间分类单位又作为年代标尺的话，可能会导致二者的混淆，不过当时他认为在某种程度上把二者合一还是可以的。如果那时的柴尔德还有点犹豫的话，那么此时他就已非常坚定了。在1956年出版的《拼凑过去——考古资料的阐释》一书中，他已经很明确地反对把考古文化当成年代称谓的做法，认为那会导致可怕的混乱。

晚年的柴尔德特别强调考古学文化的社会性。他认为单个器物的意义是不大的，只有社会接受的类型品才具有分类的价值。文化是由"类型品"组成的，类型品就是由个体所创造的被社会所赞同、接受并物化了的东西。他还指出，考古遗存的简单共存并不意味它们必定有某种联系，因为这种共存可能是偶然造成的。

晚年的柴尔德对考古学文化的认识，已经远远超出了同时代的其他人。下述两点表现了他的超群之处：

首先，柴尔德第一个提出了考古学文化的分级理论。他把考古材料按组合单位的大小分为以下四等：类型品、工业、文化、文化圈。类型品是考古分类的最小单位，它构成文化的基础。当某种石器工具组合从来不在任何类型的房屋或墓地中出现时，即这种石器组合总是单独出现时，他就称之为一种"工业"。在文化单位之上的单位是文化圈，是由在"血缘"上由密切联系的一组文化所组成的。

柴尔德的第二个超人之处就是他把考古文化分成三个主要部分，即经济、社会和思想。每个部分又含几个小部分，各种考古材料都可在这几部分中找到其归属。这些部分是互相关联的。柴尔德强调要把一个文化当成是一个整体来研究，不能机械地分割成几个互不相干的部类。从考古学意义上对文化的构成作如此系统描述的，柴尔德是第一人。

作为一个致力于在理论层面解释考古现象的学者，柴尔德一生都在纠结如何解释考古文化所反映的社会单位，即文化与族群单位的对应关系。他在发表的文章和专著中，曾不止一次地对考古学文化和族的关系进行讨论。尽管柴尔德一生都在讨论考古学文化，但到了晚年，他却对"文化"一词在考古学中的实用性发生了怀疑。他非常担心人们会把考古学文化的特殊含义与一般意义上的文化混同起来，进而对是否应使用"文化"一词来表示他所指的考古学单位产生了怀疑。其实，产生这种怀疑的在当时又岂止柴尔德一人！

五、欧美考古学界对"文化"概念的早期反思 （1940 年代末期至 1970 年代中期）

从 20 世纪 20 年代末至 50 年代，柴尔德对考古学文化理论的系统描述，代表了当时世界史前考古学的主流。无论在旧大陆还是在新大陆，考古学家们普遍认为史前学的一个重要任务就是要区分文化群和各种民族，寻找它们的差异、活动地区和活动行为。欧美考古学专注于对历史文化特征在时空分布上的研究，以及对这种分布控制因素的研究。考古学家们孜孜不倦地致力于对考古遗存的排列组合，以建立和区分文化为己任，世界史前考古学便进入了"八股式"的文化罗列的时代。

但就在这个沉默的局面中，一股激荡的逆流出现了，这只激流首先发端于美国考古学中。美国的一些考古学家高高举起了叛逆的旗帜，向传统的考古学文化概念提出了大大的问号。问题首先发端于对考古学目的的怀疑。20世纪40年代以前的美洲考古学，主要致力于建立整个美洲大陆考古学文化的时空分布图，建立完整的文化编年体系。这种基调与当时旧大陆考古学是一致的。但与欧洲考古学依附历史学不同，美洲考古学一开始就与人类学密切联系在一起，这一特殊之处决定了美洲考古学的理论取向不断受制于人类学理论思潮的变化。

在这时的美国人类学中，马林诺夫斯基的功能主义和新兴起的以斯图尔德（Julian Steward）为代表的所谓"文化生态学"是很有势力的两大派别，他们都主要研究文化与环境的关系，而反对仅仅对文化的外部特征进行描述。受此影响，考古学界对传统考古学局限于年代排列和文化罗列的狭隘性也开始进行反抗。

对传统考古学批评最猛烈的学者是 W. 泰勒（Walter Taylor）。20世纪30年代泰勒在哈佛曾从师于美国著名的人类学家和考古学家克拉克洪（Clrde Kluckholn）。克拉克洪曾对当时中美洲的考古学缺乏理论和概念混乱的状况提出了批评。受老师的影响，泰勒在30年代末和40年代初便致力于对考古学进行系统批判和重建，并把这作为其博士论文的选题。1948年出版的《考古学研究》一书便是他的博士论文的完成稿[32]。

在书的第四章，泰勒专门对考古学文化的概念进行了论述。他提出了三个重要命题：

1）"文化"一词代表了两个不同的概念，一是整体的

（holistic），另一是部分的（partitive）；

2）文化概念代表的是由思想组成的精神建筑。

3）在整体意义上，文化属性既可是共同的，也可是独特的；而部分意义上则必须是共同的。

在第一个命题中，他指出所谓整体意义上的文化是指人类本能的或自然的特性以外的所有"文化现象"。考古学家所发现的人工制品，无论是否具有共性，都属于文化的范畴。对真假石器的区分，实际上就是在区别他们是"文化的"还是"自然的"。进行这种意义上的区分，是考古学文化研究的基础；所谓部分意义上的文化即是指整体文化的一部分，即具体的一个文化。它是一个具有凝聚力的整体，例如爱斯基摩文化、西欧文化等。考古学家在区分出了"文化的"现象以后，应该对这些现象进行研究，看它们可否组成"一个"文化。

从第二个命题出发，他认为文化是看不见摸不着的抽象物，但这种抽象的精神建筑却可以通过人体的行为系统外化为可观的结果，这种行为结果有物质的和非物质的两种表现形式，诸如斧头、汽车，后者如音乐的音调与音律、舞蹈姿态等。行为和行为结果来源于文化，但却不等同于文化，文化是非经验的，只能靠推理才能得知。泰勒由此认为，所谓"物质文化"的概念是荒谬的。"文化是不可观的和非物质的，即便行为，虽然看得见，也是非物质的。只有当我们进入第三个级别即行为的结果时，才会出现物质的和非物质的范畴问题。但这一级别只是由文化的物化形式组成的，并不构成文化本身。所以，'物质文化'一词是一个错词，而物质和非物质的二分法只与文化行为的结果有关，并不与文化本身相连"。[33]

泰勒对美国考古学中把考古遗存的组合当成一个文化提出来批判，但他却并不反对对遗存进行分类研究，他自己也提出了一套划分考古遗存的范畴，如"形制"（form）"类型"（type）"级"（class）等；他也不反对考古学能够对古代的文化进行划分，相反，他认为通过一定的方法，考古学可以重建古代的文化结构和文化本身，只不过他所谓的文化不是一般考古学家所指的物质遗存或组合，而是指从这些材料推论出来的精神。

泰勒对考古学文化概念的批判虽然尖锐，但却并不彻底，在方法论上虽然有一定的改进，但在研究目的上仍未能脱离传统的文化历史学派的大框架。他的根本目的仍然是重建古代的文化结构和文化本身，也就是他所说的精神文化的发展历史。这就决定了他的批判是缺乏力度的。正因为如此，绝大部分学者都只把泰勒的批判作为对传统历史文化学派的反抗，但不认为他是"新考古学"或过程考古学的创始人。

以宾福德（Lewis Binford）为代表的过程主义考古学却不同，强调考古学的目的是解释文化的变化过程和规律，而不是描述和重建文化本身。根据新进化论理论，他们将文化分成技术、社会组织和精神思想三个部分，认为文化的发展受制于自然环境和周边的人为环境。

根据这一指导思想，过程主义考古学家们从根本上忽视对考古遗存的时空分布的描述和重建，注重的是设计出各种方案和技术，来解释文化变迁的过程和原因。他们注重的研究课题包括环境变化、贸易和交换、居住风格、社会组织复杂化、遗址的功能和形成过程等，目的都是为了回答"为什么"（why）这一考古学的最高层次问题。

就在同一个时期，柴尔德的考古学文化理论在英国也受到了批判。由于碳十四测年技术的广泛应用，原来根据器物特征推测建立的文化年代序列受到了挑战，这也导致了很多英国学者开始怀疑柴尔德根据遗物和遗迹特征建立起来的考古学文化是否具有可证性。尤其是文化边界的模糊性，让很多学者认为文化概念有很大局限性。丹尼尔就明确指出："现代考古学家所谓的文化和前人的时期和阶段一样，仅仅是一种概念工具。"工具绝不是目的，史前考古学绝不应仅限于对所谓的文化单位的描写。丹尼尔大声疾呼："现在已是史前学打破沉闷的文化罗列的时候了！"。[34]但是，如何在解释层面深入对考古学文化的研究，英国学术界的分歧很大。分析考古学的创始人大卫·克拉克（David Clarke）试图用系统论解构考古文化的成分，把文化分成不同层面的亚系统。但是，由于他使用的术语艰涩难懂，并由于他的英年早逝，这套系统论并没有吸引太多追随者。继承柴尔德在剑桥大学教学职位的格莱姆·克拉克（Grahame Clark）也是柴尔德的批评者，认为柴尔德对考古学文化的分类和变化原因的探讨不够，他发展出了一套经济考古学的方法，强调用经济风格的变化来解释考古学文化的变化。

不过，英国和美国的这些早期的批评并没有撼动柴尔德考古文化理论的基础，即考古学文化是一个分类概念，是对考古现象的时空变化风格的描述。批评的焦点是柴尔德对文化变化过程关心不够。其实，在这一点上，柴尔德的研究是相当深入的，而且，随着理论思潮的变化，他本人也在不断更新自己的观点和理论。

六、当代欧美考古学对文化概念的扬弃
（1970 年代后期至今）

真正对"文化"概念形成根本性冲击的，还是在 1970 年代之后。这主要表现在三个方面：

1）物质文化与实际存在的社会实体单位是不对应的，所以大部分学者开始否认研究考古文化的意义；

2）"风格"（Style）概念的引入；

3）族群（ethnicity）、认同（identity）和考古物质文化所反应的社会界限（social boundary）的讨论。

在否认考古文化概念的实际意义方面，当时执教于剑桥大学的 Ian Hodder 是一个开创者。他在肯尼亚 Baringo 地区所作的一系列民族考古学的研究表明，在物质文化高度相似的一些地区，存在着很多完全独立的部落。他由此认为，物质文化的相似性根本不能反映实际存在的社群的界限，因此也就不具有实体意义。以前的考古学者拘泥于描述和建立物质文化在空间的分布，实际上是在做一个毫无意义的工作。在 Hodder 看来，物质文化不是被动地反映社群对环境的适应，而是被社群有目的地用来建立对他们有利的政治和经济策略。他由此得出了一个结论，即物质文化是有符合意义的，考古学家应该去探索这些物质符号的意义（meaning），而不应该只是去描述这些文化本身在空间中的分布。Hodder 的这一观点影响了很多英国和美国的学者，导致了学术重点从关注大范围的空间现

象转移到了对具体的遗址或小区域的文化现象的研究，并更多地用后现代主义的术语来解释考古现象。研究中心的这种转移也是后过程主义考古学的重要特色之一。

对考古文化概念冲击更大的是风格概念的引入。这首先是由美国学者进行的，其中有三个学者的贡献较大：乌斯特（M. Wobst）、瓦斯那（P. Wiessner）和桑肯特（J. Sackett）。风格实际上是一个美术史的概念，主要是用美术品的特征和结构来界定某个艺术家或一个时代的艺术特色，并以此来探讨艺术的社会意义。这个概念被引入到考古学并得到发展，既要归功于过程考古学对文化系统的分析，同时也要归功于后过程考古学强调物质文化是有符号意义的，物质的风格可以反映文化或社会现象产生的背景。后过程主义尤其强调人类从古到今，都有意识地利用物质表达文化范畴、划分社群和文化界限、构建社会结构。

1977 年，乌斯特率先用信息论的理论（information theory），提出风格的产生就是人类文化信息交换（information exchange）的结果。风格行为包含多方面的信息，包括认同（阶层认同、社会群体认同和职务等级认同等）、所有权（copyright and ownership）、宗教和政治合理化，甚至个人情绪。也就是说，风格是具有多方面功能的。考古遗物的风格可以通过传递这些信息来促进社会互动[35]。

乌斯特的这一理论对过去四十年来的西方考古学产生了重大影响。支持者和反对者都有。这一理论最重要的突破是从原理上理清了为什么物质文化可以反映族群或个人的社会界限，即风格是人们有意识地在传递某种信息。这就突破了以前学者只是描述和发现考古学文化的怪圈，使对物质文化的研究上升到可以解释的高度。风格概念为考古学家提供了一个新的解释物质文化时空变化的方法。

正因为如此，在过去的四十多年中，西方考古学探讨风格的文章和专著可谓是汗牛充栋。而且，由于过去三十年来文化人类学、社会学、哲学、艺术历史，甚至国际政治学对族群界限问题都表现出了极大兴趣，考古学界关于风格的研究，又和族群、认同等问题融合在一起。这一热潮对考古学的冲击是如此之大，以至于有一位很有名的美国考古学家孔肯（Conkey）在1990年声称：考古学"离开了风格，我们已无话可谈，也无问题可解决"⁽³⁶⁾。这当然是一种夸张的说法。西方考古学从来没有停止过对其他传统课题的研究，也并不是所有的人都赞同风格理论。实际情况是，通过四十年的争论，西方学者对风格的理解不是逐渐趋同，而是分歧越来越大。风格到底是什么？风格与功能的关系如何？风格与技术是什么关系？风格在多大程度上可以反映族群界限？西方学者在这些问题上是智者见智、仁者见仁。

瓦斯那在1983年发表的文章中，用风格理论来解释 Kalahari San 人石箭头的风格，提出将物质文化中的风格分成两类：群体风格（emblem style）和个体风格（assertive style）。前者是物质文化中可以反映一个群体的有意识的归属和认同的特征，而后者则是表现个人，即个人的特殊性。瓦斯那非常乐观地指出，如果方法得当，考古学家完全可以在他们所研究的材料中区分出群体风格和个体风格。但相比之下，群体风格更容易区分⁽³⁷⁾。

瓦斯那的这两个概念和分类标准立即受到了桑肯特的攻击和批判。他提出了另外一个概念"通用变体"（Isochrestic variation）。桑肯特不同意瓦斯那的二分法，而提出物质文化不可避免地要反映族群特征，因为它们就是在分离的族群环境中制造出来的。也就是说，不存在个人风格，所有遗物的风格都是具有族群特征的，因此，风格可以作为族群的代表性特征[38]。

美国考古学界上述关于风格的讨论，对欧洲考古学界反思文化概念也产生了一定影响。相当一部分学者开始用风格理论来代替传统的考古学文化观。其中影响最大的就是申南（Stephen Shennan）1989年在给他自己编辑的一本论文集中所写的序。申南逐条对柴尔德的考古学文化理论进行了批判：

1）用文化来概括考古遗存的空间分布只能服务于暂时的描述性目的，但作为分析工具只能导致灾难性的结果。

2）考古学文化不是一个真实实体。它与族群（ethnicity）不是一个对等概念，因为族群是指一个社群有意识的自我认同。有四个原因可以证明考古学文化不是一个真实实体：

a. 考古学文化之所以被当作实体，在相当程度上是因为学者们认为它与"部落"（tribes）或"社群"（societies）对等。而实际上，考古学文化是不等同于部落或社群的，而且根据人类学的研究，部落或社群也不是一个真实实体，而是受各种因素影响的不断变化的概念；

b. 考古材料的空间变化是由多种因素造成的，其中每种因素所起的作用是不同的。某种器物的特征受制于该器物的功能、制作技术、使用者的地位等。将考古文化当作一个实体，就会忽视对这些因素的分析；

c. 从经验的角度讲，只要考古学家对材料进行定量分析就会发现，考古学文化的分布区并不是那么容易可以泾渭分明地划分开来的，实际情况是往往有交叉。柴尔德实际上早就注意到了这一点，他的做法是将那些与某一文化的主流特征不符合的遗物或遗址剔除出去；

d. 文化概念开始被引入到考古学中来，是为政治服务的。这也表明考古文化不是一个客观实体。

3）考古学文化不能作为历史角色来对待，因为它不是一个真实体。以前的学者将考古文化作为历史角色来对待，是因为错误地将文化等同于族群，同时又被很多族群反过来用于声明对于某一地区的合法拥有权或影响权。

4）考古学文化概念从一开始引入到考古学中，就带有强烈的政治目的。当代的某些地区的考古学家对考古文化的建立之所以有兴趣，更多地也是出于政治目的[39]。

那么，如果我们抛弃文化概念，考古学家又该如何研究考古材料所表现出来的时空变化现象呢？申南也承认人类的行为在不同的地区和不同的时间是不同的，而且在当代世界中，族群现象是不可忽视的事实，考古学家应该去研究这些问题。申南提出了三个解决办法：

1）将文化现象分成不同的构成部分；

2）使用风格作为分析概念；

3）用达尔文模式来解释考古材料空间变化的原因。

关于第一点，申南主张使用宾福德的理论，将文化现象分成对自然环境、社会和意识形态多种因素的适应；关于第二点，申南建议使用瓦斯那的群体风格和个体风格概念；关于第三点，申南认为，从达尔文进化论的原理讲，一个地区的人们之所以选择某种文化行为，是因为这些行为对族群的存在和发展有利，或具有选择优势（selection advantage）。这种文化行为往往会代代相传，在考古材料上就会产生区域差别。申南相信，只要这三点都研究到了，考古学就可以进行族群的历史重建。

必须指出的是，尽管传统考古学文化观念在西方受到了巨大冲击，但并不是所有的学者都反对传统的名称，更不主张把已经命名的考古学文化的名称全部取消。不可忽视的事实是，考古材料的时空特征是一个基本现象，考古学家必须要用某种名词或单位来描述这些现象。事实上，大多数学者仍在使用一些老名称，如那吐夫（Natufian）、拉皮塔（Lapita）、哈拉巴（Harrapa）和玛雅（Maya）等。哈佛大学教授 Lamberg-Karlovsky 就坚决反对将考古学所观察到的时空现象当作不可界定的实体，更反对将族群当作一个漂浮不定的概念。他提出，如果考古学连一个最基本的时空单位都界定不了，其他一切研究都是不可能的。但他同时也肯定了上述学者为解释这些时空单位的形成所做的努力[40]。

七、文化概念与中国考古学

与欧美考古学相比，中国考古学界对文化概念基本上没有太多的争论，并完全错过了西方考古学过去三十年来有关风格的大讨论。自 1959 年夏鼐将柴尔德的考古文化命名法介绍到中国以后，这一理论便成了中国考古学的基本方法论。过去半个多世纪的研究基本上围绕建立新考古文化、完善某个区域内考古文化的发展序列以及对文化再细分类型来进行的。因为苏秉琦和一些学者曾将这种方法论概括为"区、系、类型"，中国考古学界常常误把这种研究方式作为一种理论来对待。虽然学术界认识到了不同学者所理解和认识的同一个考古文化或类型是不一样的，因而在名称问题和分布范围上往往争论不休。在理论层次上，基本上缺乏对造成这一现象的原因的探讨。

1980 年代中期，在俞伟超、李伯谦等的推动下，中国考古学界提出了"文化因素分析法"。他们推动这一方法的背景是为了寻求考古学文化形成过程中的不同因素所起到的作用，其核心是要把一个考古文化或遗址内的遗物进行分组，并进而辨别哪些是本地区的，哪些是外来的，哪些是混合物。他们希望在此基础上，学者们能更有效地探讨考古文化与古代族群和国家的对应关系及其他们之间的联系。俞伟超先生是在研究楚文化的背景中关注这一方法的。在 1987 年发表的《楚文化的研究与文化因素的分析》一文中，俞伟超对"文化因素"做了系统阐释：

> 所谓"文化因素"，都是由具体的遗迹、遗物所代表的。这种文化因素，如果作为一个抽象的范畴来考虑，至少有以下几个必然存在的现象：
>
> （1）任何文化或文化因素的特征，总是有很强的传统力量而会延续若干时间。
>
> （2）任何文化或是其中包括的各种文化因素，在其发展过程中，其自身特征到一定阶段后又是会发生变化的。
>
> （3）同一文化内的不同文化因素，有的是承自本文化的自

身传统，有的是受到其他文化的影响而发生的，有的则是通过中介环节，即间接的影响才出现的。

（4）任何一种文化因素，其最初的源头都只应属于某一个文化，后来却可能扩展到若干文化之中，所以不同文化内可能存在着同一种文化因素，而不同文化内同一种文化因素的发生时间或消失时间是往往不一致的，其形态的细部也常常是微有差别的。[41]

李伯谦也是这一方法论的倡导者和实践者。与俞伟超类似，李伯谦也是在探讨历史时期文化问题的背景下关注文化因素分析法的。1985年，他在晋文化研究座谈会上，提出考古学者必须从以下五个方面来应用文化因素分析法：

第一，文化因素分析，要从一个遗址、一个类型、一个文化的内部结构即文化内涵的剖析做起，而不能像过去常犯的毛病那样把它看成铁板一块的整体。实践证明，一个文化是一个只具有单一文化因素的整体的认识是浮浅的、表面的，是不能触及它的本质的。

第二，文化因素分析，必须引入量的概念。没有量的统计和对比，就很难确定其中各种因素所占的地位，甚至会以点带面、以偏概全，把非主要因素误认作主要因素，对其文化性质做出错误的判断。

第三，正确区分考古文化内涵的不同文化因素，需在与其他有关文化的对比中进行，这样才能更清楚地看出不同因素的不同特点及其不同的来源。

第四，任何考古文化都是不断发展变化的，文化因素分析也必须从发展的角度在分期的基础上进行，这样才有助于考察文化因素构成的发展和变化。

第五，文化因素分析必须以类型学的分析为前提，正像类型学必须以地层学为前提一样。因为只有这样，文化因素的分析才具有科学的依据。认为两者互相排斥或者类型学可以包括文化因素分析方法的看法都是欠妥的。[42]

这种文化因素分析法实际上是意识到了一个考古学文化的形成过程往往是复杂的，内因和外因都要考虑。但遗憾的是，这一方法论仍然只是停留在对现象的描述和对比，大多数研究都用简单的"文化交流"或"影响"来解释外来文化因素或混合因素的出现。所以，在理论层面上，并没有脱离传统的考古文化的概念范围。不过，这种方法却在中国考古学界造成了很大的影响。自1980年代末期以来，很多学者都在用这种方法分析不同考古学文化之间的关系，甚至是某个具体遗址内的不同文化因素的来源。部分学者还进行了文化因素的定量分析。在一定程度上，这种方法因为其可操作性而在中国考古学界得到了推广。李伯谦在1998年为他的论文集《中国青铜文化结构体系研究》做序言时，深情地表达了对这种方法的热衷："有时甚至觉得一旦离开文化因素分析法，我可能一篇文章都写不出来！"这一表述正反映了在中国考古学界对文化概念的钟爱和在研究方法上的描述性，与前面所论述的欧美考古学界对文化概念的剖析和扬弃形成鲜明对比。

叁　聚落考古学的概念和方法变迁

一、引　言

聚落考古学（settlement archaeology）是有特殊定义的，是指利用考古学的方法来研究古代聚落形态的变化过程及其相关社会问题的学科，是考古学的一个分支或专门的研究领域。从考古学史的角度来看，聚落考古发源于美国考古学界，重要概念和方法论的突破，首先是由美国考古学家完成的。一般认为，美国考古学家威利（Gordon Willey）1946 年在秘鲁 Viru 河谷所进行的田野项目，是真正意义上的聚落考古学的开端。西方考古学家高度评价聚落考古学在考古学史上的意义，如崔格尔（Bruce Trigger）认为，聚落考古的出现在考古学史上是自丹麦考古学家汤姆森（C.J. Thomsen）于1819 年创立"三期说"以来最重要的突破。美国的相当部分学者认为聚落考古的方法是自地层学创立以来最重要的考古学方法论的变革。

聚落考古已经成为今天中国考古学的一个重要组成部分。以系统田野区域调查为基础的聚落考古，最近十余年来在国内很多地方都已经开展起来，并为研究史前社会的变迁提供了前所未有的丰富资料。严文明最近提出，中国史前考古学已经结束了建立文化编年的所谓"区系类型"阶段，现阶段的中国考古学是"聚落考古学"阶段[43]。从考古学史的角度来看，中国考古学者在1950年代就开始尝试从聚落的角度来发掘和研究史前遗址，起点不比欧美学者晚。这主要是受苏联的影响和建立马克思主义考古学的需要。但不可否认的是，当前国内使用的聚落考古的田野方法和分析技术，是在1980年代与欧美考古学交流以后才形成的。1984年，张光直先生首次用中文向国内学者介绍了美国的聚落考古学的理论和方法，使中国考古界开始了解这一领域的概念和实践。1990年代以来，国内多个研究机构与美国学者联合进行了聚落考古调查和研究，使得美国聚落考古学的田野和分析方法得以传入中国。这些合作当然离不开国内学者的努力和中国考古学前沿课题的需要。不过，既然当前的聚落考古主要是受美国的影响，分析美国考古界的聚落考古理论和方法的变迁，将有助于我们理清这一研究领域的历史脉络，并更好地推动聚落考古的发展。

二、美国聚落考古学发展历程

聚落考古之所以在美国发源和发展，是与美国考古学和人类学的发展背景密不可分的。从广义的人类学发展背景来看，美国人类学界自19世纪中期以来就开始探讨美洲原住民的聚落问题。

最著名的个案就是中国学者所熟知的摩尔根（L.H. Morgan）1881年对北美五大湖地区原住民聚落的研究，尤其是对易洛魁人的聚落研究。摩尔根的专著《美国原住民的家屋与家居生活》（*Houses and House Life of the American Aborigines*），开启了人类学聚落研究的先河，其重点是建筑结构和聚落布局的社会学意义，探讨聚落与社会组织的关系。另外一位人类学家 Mindelff，1890 年代对美国西南部原住民的聚落发展史的民族学研究，也是在 19 世纪末期的重要聚落研究。

不过，上述研究在 1930 年代以前，一直没有引起美国考古学界和人类学界的重视。严格地讲现代意义上的聚落考古学，并没有直接承继上述学术传统。但是，正如下面将要论述的，聚落考古学在开展过程中，人类学者一直参与讨论，很多考古材料也被人类学家用来解释美洲原住民的社会发展过程。

（一）美国聚落考古学的开始

聚落考古学之所以能在美国率先兴起，是与美国人类学和考古学界思潮变化密切相关的。斯图尔德（Julian Steward）在 1937 年和 1938 年发表的两篇文章，对聚落考古学的产生起到了直接的推动作用[44]。斯图尔德的这两篇文章，虽然是民族学的研究成果，但他利用了考古的聚落材料来追溯美国西南部原住民社会结构的变化过程。更为重要的是，他在利用考古材料的同时，也发现了当时美国考古学的问题，即过分注重遗物类型学研究的做法。他对这一现象进行了批评，并提出生态经济和聚落形态的时空变化才是考古学应该研究的重点，只有这样，考古学才能有效地研究人类行为的变化过程。斯图尔德认为，聚落是人群和自然环境关系的最好的证据，环境决定聚落的位置和大小。

斯图尔德对考古学的这些批评，对当时的美国考古学界的影响是很大的。1940年代，美国考古学界开始反思以编年为主的历史—文化学派（cultural-historical archaeology）的研究方式，尤其是批评其用简单的文化传播和移民来解释文化变化的做法。很多学者开始探讨新的研究方法，并注重从社群的内部来探索社会和文化变化的原因。泰勒（W. Taylor）于1948年发表的《考古学研究》，对历史—文化学派的批判最彻底。他提倡从关联的角度来考察所有考古材料（Conjunctive approach），即系统地统计和研究所有遗迹和遗物，并研究它们在空间分布上的关系。

聚落考古学便是在这种大的学术背景下开始的。聚落考古的首创者威利就曾坦言，他之所以开始在秘鲁的Viru河谷实践聚落考古研究，是与斯图尔德的影响分不开的。在理念上他受到了斯图尔德的启发，斯图尔德给予了威利很多建议和鼓励。根据威利后来的回忆，在斯图尔德对他的谈话中，首次使用了"聚落形态"（Settlement pattern）这一概念，他只是借用了这一概念，不是他的首创。

（二）威利与聚落考古学的开始

1946年4月威利在秘鲁Viru河谷的考古野外工作，之所以被学术界作为真正意义上的聚落考古的开始，除了他从理论的角度对聚落考古的定义之外，是与他设计的课题目标和方法分不开的。

在这个野外项目的报告中，威利第一次明确对"聚落形态"进行了定义：

聚落形态是指"人类将他们自己所居住的地面上处理起来的方式。它包括房屋，包括房屋的安排方式，并且包括其他与社团生活有关的建筑物的性质与处理方式。这些聚落要反映自然环境，建造者所使用的技术水平，以及这个文化所保持的各种社会交接与控制的制度。因为聚落形态有一大部分为广泛保有的文化需要所直接形成的，他们提供了考古文化的功能性的解释的一个战略性的出发点"（张光直先生译文）^{（45）}。

在威利后来的学术生涯中，他曾多次对聚落形态进行过定义和解释，但中心思想基本没有变化。这一定义显然承继了斯图尔德的环境主义的思想，但威利的创新之处是他更强调聚落形态研究的社会意义，认为聚落是对考古学文化进行功能解释的最好的突破点，是考古学研究古代社会变化的最直接的方法。威利自称这一研究思路是"聚落—社会组织研究法（Settlement-social organizational approach）"。其主要原则包括以下四点：

1）聚落是人类在自然景观中的所选择的居住方式，包括房屋、房屋的安排方式，以及它们所代表的社区生活；

2）聚落是不动的，而遗物却经常被移动的。所以，聚落更能反映古代人类行为的各种信息；

3）在聚落考古中，遗址不再被孤立地去考察，而是要从区域的角度、从区域交流网络的角度来考察；

4）考古调查不再是只是寻找可以发掘的遗址，调查本身就是重要的考古研究。

　　威利所组织的这次聚落考古野外调查进行了 4 个月，参加者还包括 James Ford 等另外 6 位考古学者。除了发现了年代跨度达 5 000 多年的 300 多处遗址外，更为重要的是他给这次调查所规定的目标和调查的方法是前所未有的，并成了后来聚落考古野外工作的基本准则[46]。

　　威利给这次野外聚落调查规定的目标共有四个：

　　第一，从地理和年代的角度来系统描述这一河谷的史前遗址；

　　第二，从功能和年代序列的角度来构建这些聚落的发展过程；

　　第三，根据聚落的结构来构建文化机制；

　　第四，将这一河谷的聚落与秘鲁其他地区的聚落进行比较。

　　这四个目标成为后来所有聚落考古调查研究的典型目标，直到今天仍为大多数聚落考古学者所遵守。

　　为了实现上述研究目标，威利的研究团队在野外采取了一系列新的方法，其中包括：

　　1）首次使用航空照片来寻找遗址，并将照片和地面调查相结合；

　　2）每发现一处新遗址，则系统采集地表陶片，并根据陶片形态来估计遗址的年代；

　　3）对遗址位置、建筑、废弃堆积和地面进行详细分类，并以此确定遗址的功能；

　　4）绘制不同时期的聚落的分布地图，并以此分析人口的变化趋势。

　　威利所开创的聚落考古在理论和方法上都是重大突破。它促使考古学家不再仅仅研究器物和单个遗址，而是要从区域的角度研究一个或多个遗址。在聚落考古中，遗址不是孤立的，而必须放在一个区域环境中考察。这种理念和方法迅速被很多考古学家采纳，对美洲考古学和世界考古学产生了深远影响。

崔格尔对威利所开创的聚落考古学给予了的极高评价，将威利的聚落考古方法称之为自汤姆森分期说以来考古学史上最重要的突破：

> 对于致力于研究社会和政治组织的考古学家来讲，威利在 Viru 河谷的研究，代表的是考古学史上最重要的方法论的突破。即便从更大的考古视野来看，这或许应该是在汤姆森成功地对史前史进行分期以后的最重要的创新。[47]

崔格尔的这一评价是很中肯的。长期以来，很多考古学家都在探索如何突破器物研究的束缚，希望能像文化人类学和其他人文学科一样，来探讨器物背后的人类社会和组织的变化，但在方法上一直没有突破。聚落考古在野外方法上的创新，并以其时空材料的系统性，首次给予了考古学家一把金钥匙，让学者们可以用可靠的系统材料，来讨论分析以前不可能探讨的问题。二十世纪是美国考古学大变革时期，理论和方法不断创新，但是很多学者都认为，如果要评选二战以来最重要的考古学理论或方法论，那就应该是聚落形态研究。

对聚落考古学的历史意义总结最彻底的学者，当属 Gary Feinman 和 Linda Nicolas [48]。他们从六个方面对聚落考古对学科发展史上的贡献做了归纳：

1）系统的考古调查使得研究者能更好地理解国家如何和为什么产生；

2）聚落考古提供了从长时段来认识人类时空变化的视野；

3）聚落考古使得系统研究古代聚落的空间关系成为可能；

4）聚落考古记录了古代主要城市的空间布局的变化；

5）聚落考古使得探讨古代聚落和农业资源的关系成为可能；

6）聚落考古也提供了古代文献所没有记载的感性材料，古代文献一般是高度概括的，并过分地关注个人成就。

（三）美国聚落考古学的变化和发展

威利所创立的这个新的方法，在美国考古学界也经历了一个长期的曲折的发展过程。在这个过程中，无论理念和方法都在不断变化。总结一下聚落考古在美国的发展过程，可以分成以下三个大的发展阶段：

1. 第一阶段：巩固期（1950 年代）

一个新方法和理论如果要得到考古学界主流学者的认可，总要有一定的过程。聚落考古也不能例外。在思想极其活跃的 1950 年代的美国，聚落考古之所以能在学术界生根发芽，威利和他的合作者除了在理论上有进一步论述外，在方法论上也在不断改善。同时，田野工作的范围也在不断扩大。部分学者用这种方法在很多地区开展了工作，其中在美国西南部考古、中美洲考古和近东两河流域的聚落考古中影响最大。这些地区野外工作的开展，积累了大量材料，同时也促进了对方法论和理论的进一步探讨。

与此同时，威利和这些学者们也在各种高级别的学术会议上组织专门论坛，邀请多方学者来参与讨论。譬如，1955年威利等就在 美国考古学年会和美国人类学年会上专门组织了聚落考古研讨会，产生了深远影响。

1956年，威利主编了一本很有影响力的论文集《新大陆史前聚落形态》(Prehistoric Settlement Patterns in the New World)。这本文集收录了多篇论文，标志着聚落考古学在美洲地区的发展和影响的扩大。理论上的讨论更深入，方法论也有了很大改进。论文所涉及的区域几乎涵盖整个美洲地区。

威利在该书的序言中进一步阐述了他的聚落考古理论。除了继续论述聚落与环境适应的依附关系外，他特别提出聚落是传统考古材料的延伸，与陶器、石器等一样重要。聚落与其他考古材料一样，受制于遗址废弃后的各种因素，是残破不全的。但是，与石器、陶器等考古材料相比，聚落更能直接反映古代社会的经济和社会活动。他同时还指出，在聚落形态的研究中，住所的组群方式(grouping of dwellings)更值得注意，所蕴藏的信息要超出单独的房屋。

这些研讨会的进行和论文的出版，使得聚落形态考古在美国考古学界的影响日益扩大，并启发了一批考古学者从理论概念和田野实践上进一步发展聚落考古。其中影响较大的是桑德斯(Sanders)在墨西哥 Teotihuacan Valley 所做的长期聚落调查和他在概念上对威利的观点的补充和更新[49]。

在概念方面，桑德斯提出了两个新名词："聚落形态的社区"(Community Settlement Patterns)"聚落形态的区块"(Zonal settlement patterns）。关于聚落形态的社区，桑德斯的定义是："人群的个体单位，包括社区类型、公共建筑的结构、街道、人群分布、社区人口的密度和形态，居住人口的特征等资料。同时也包括房屋类型和社会组织。"关于聚落模式的区块，桑德斯的定义是："社区大小的分布、社区之间的距离、人口密度，以及社区之间的共存互动关系。"

桑德斯的这两个概念基本是对威利所定义的聚落形态的进一步细化，并没有重大突破。不过，为了研究这些细节问题，桑德斯在野外方法上做了一系列改进，对后来的野外聚落调查产生了重大影响：

1）利用钻探来研究古环境；

2）试掘部分代表性遗址，以确定遗址的性质和年代序列；

3）先简略总体调查，然后再细致调查；

4）野外确定遗址的标准：以房屋的存在作为确定遗址的基础，并以房屋为单位来计算人口数量；

5）首次使用垃圾密度尤其是陶片密度来推算人口数量和依据当代聚落密度来推算古代人口的方法。陶片更注重的是口沿。

这些方法的细化和改进，为在野外收集更全面的材料提供了新的方法。这些方法对后来的聚落考古野外调查和室内分析都产生了深远影响，至今仍是很多学者所遵循的方法。

这一时期另一个重要变化是，聚落考古不再仅仅局限于美洲地区。1957—1958 年 Adams 将这一研究方法应用到了伊拉克的 Diyala 地区的野外工作中，并取得了较好的效果。同时，威利也扩大了研究范围，在 1954—1956 年将聚落形态研究应用到了中美洲的伯利兹的 Belize Valley，也获取了前所未有的资料。

2. 第二阶段：改变期（1960 年代）

这一时期除了聚落考古被越来越多的学者应用到野外工作以外，其重要的变化是方法论的改变和概念的创新[50]。

概念上的创新之一是"聚落系统"（Settlement System）的提出。这一概念是由温特斯（H.D. Winters）1967 年首次提出来的，并指出这个概念和威利的"聚落形态"概念有根本性区别。在温特斯看来，聚落形态指的是同一文化内同时期的一组遗址之间的地理和人文关系，而他所提出的聚落系统是指聚落形态之内所包含的同一个文化内同时期的各遗址间的功能关系。

根据这一认识，温特斯认为，要研究聚落系统，就需要研究聚落的季节性，以及在不同的季节聚落内所开展的不同活动。

在方法论上和遗物的采集范围上，聚落系统概念的提出对野外工作提出了更高的要求：动植物遗存、重要动植物的习性、气候材料、生计技术的组织方式、建筑特点、遗物类型的分布密度等都要注意。

聚落系统概念的提出，对 1960—1970 年代美国考古学家所进行的聚落考古研究起到了极大的推动作用，对北美和中美洲地区的影响最大。

第二个比较重要的概念是"系统指数"（Systematic index），也是由温特斯提出来的。这个概念关注的是遗物分布密度以及这种密度所反映的生计形态结构。这个概念的提出，加强了数学统计方法在处理野外材料中的应用，同时也关系着在调查和发掘中的取样策略问题，对聚落考古提出了更高的要求。

第三个重要突破是聚落形态分级概念的提出，是崔格尔于1967年首次提出来的[51]。他认为聚落形态应该从三个层次上来进行分析：

第一层次：个体建筑（Individual Structure）；

第二层次：单个聚落（local settlement）；

第三层次：一个区域内的聚落分布（the distribution of settlements within a region）。

崔格尔的这个分级概念不仅仅是把聚落的单位区分开来，同时强调的是，虽然聚落考古最终需要把这三个层次的研究综合起来，但每一个层次也可以独立进行研究。这样一来，聚落考古就可以在不同的层次上单独进行。第一个层次的研究后来发展成了"家屋考古"（Household Archaeology），在探讨家庭结构、性别和劳动分工等问题上成为考古学的重要领域。

这一时期聚落考古在美洲以外地区的实践范围也扩大了很多，并均对相关地区的考古研究起到了巨大的推动作用。譬如，威利的学生 Roger Green 将聚落考古技术应用到夏威夷和新西兰考古中，彻底改变了太平洋考古的研究面貌。聚落考古研究范围的扩大，也使得这一研究方法开始在世界范围内产生影响。

3. 第三阶段：全面发展期（1970 年代至今）

1970 年代以后，聚落考古已经发展为一个非常成熟的领域。越来越多的研究项目以聚落考古的方式开展，发表的学术文章也日益增多。有人对发表在《美洲古物》（American Antiquity）杂志上的文章进行了统计，聚落考古的文章在 1970—1999 年期间，一直呈上升趋势：1970—1979，聚落考古文章占所有文章的 13.7%。

而 1980—1989 期间，则上升到了 16.4%。1990—1999 的十年间，聚落考古文章占比高达 20.8%。在野外技术上，很多项目都采用了全球定位系统（GPS），为精确记录遗址的位置提供了重要支撑。不少项目还运用了卫星图像，并将这些图像和 GPS 定位结合起来，在更大的范围内观察和研究聚落群的变化。在地表采样方法上，很多项目也都因地制宜做了改进，以便收集更有效的信息。另外一个重要变化，就是区域调查往往与发掘相结合，很多调查就是围绕一个或多个中心遗址进行的。这种有目的地研究聚落群的方式，和前一个阶段纯粹的区域调查是不同的，更能有效地收集材料[52]。

不过，在这些不断前进的潮流中也不乏批评和反思的声音。有一些相当激进的观点和野外方法，也受到了主流学者的抵制。譬如，1983 年由 Dancey Dunnell 等学者提出的 "siteless archaeology"，即所谓的 "无遗址考古"，就只是昙花一现的一个概念。这一观点主张取消以遗址作为聚落考古调查的基本单位，而是应用在年代上更精确的遗物、遗迹等来作为描述分析单位。这一理论的提出是根据他们在美国密西西比河流域的考古调查经验，但受到了激烈批评，并没有得到学术界的接受。很多学者认为，聚落考古的根本就是遗址，离开了遗址，聚落考古不可能开展。但是，他们对如何定义 "遗址" 的质疑却被考古学家广泛接受。在如何确定 "遗址" 这一根本问题上，考古界的争论仍在继续。这是一个很重要的问题，直接关系遗址数量的统计问题。

在可以预见的将来，聚落考古在欧美考古学中将会继续发展。除了野外技术的不断更新以外，其研究的问题也将与其他考古问题日益糅合在一起，如中心—边缘（core-periphery）问题和边界问题（boundary formation）等。聚落考古作为一种有效的研究方法，将会持续对考古学产生影响。

三、聚落考古学在中国的发展历程

聚落考古在中国考古学中所经历的发展历程，是与欧美考古学有重大区别的。根据研究的问题和野外方法，可以基本上分成三个阶段：

（一）第一段：本土探索（1950—1984 年）

在美国聚落考古学的概念和方法传入中国之前，国内学者已经进行了相关的探索。1954—1957 年，为安排第三届考古短训班的实习兼配合基本建设，彼时任职于中国科学院考古研究所的石兴邦先生带队在西安半坡遗址前后发掘 5 次，发掘面积约 10 000 平方米。这些发掘的成果以专著《西安半坡——原始氏族公社聚落遗址》的形式出版，并使用了"聚落"这个词汇[53]。这本研究报告探讨了半坡遗址的个别遗迹的性质认定、单一聚落的整体布局、建筑技术的推测、聚落与环境的关系、社会组织的复原、意识形态领域的探索等，再现了史前半坡居民的生产生活场景。《西安半坡——原始氏族公社聚落遗址》在中国考古学文献中首次使用了

"聚落"一词，标志着国内学者在美国聚落考古学传入中国之前的相关探索与努力。

（二）第二段：接受美国聚落考古理念的初始阶段（1984—1995 年）

这一时期中国研究史前聚落的思路和术语开始受美国思潮影响，但从业者仍基本为本土考古学家。1984 年张光直先生在北大和山大开设考古学专题讲座，首次将美国聚落考古思想介绍到国内，对国内影响很大。

张光直先生在《谈聚落形态考古》一文中，系统介绍了美国考古学界关于聚落考古的定义、理论背景、研究内容与操作方法等，美国的聚落考古学自此才被中国考古学界了解。张光直强调聚落考古学是在社会关系的框架之内来做考古资料的研究。这篇文章受到了国内很多学者的注意，并对后来的中国考古学界的术语使用和研究方向发生了重要影响[54]。

不过，这一时期，国内学者对聚落考古的理解并不一致，在实践中也有不同的操作方法。譬如张忠培先生认为聚落考古，实是考古学引进社会学及人文地理学原理以聚落为单位进行的考古学研究，目的是探讨居住于一聚落中的人与人的关系（或曰聚落社会的结构），和聚落社会之间的相互关系与聚落社会的时、空变异，以及聚落形态同自然环境的关系。严文明先生则认为聚落考古是以聚落遗址为单位进行田野考古操作和研究的一种方法。同时严文明先生还认为聚落考古不仅研究与社会相关的内容，也研究与自然环境相关的内容。

不过，一个明显的变化是，自聚落考古学被张光直先生介绍到中国后，国内某一处遗址的全面揭露或面积较大的发掘很多都冠以聚落考古的头衔，如内蒙古敖汉旗兴隆沟遗址、内蒙古敖汉旗兴隆洼遗址、安徽蒙城尉迟寺遗址、河南新密新砦遗址、青海民和喇家遗址等。田野考古中的聚落考古除了全面揭露遗址外，还有区域考古调查和全面揭露以及多学科结合等多种形式。

严文明先生对仰韶文化聚落的研究对当时的学术界影响很大。《仰韶房屋和聚落形态研究》[55]《中国新石器时代聚落形态的考察》[56]成为当时经典的研究著作，至今仍持续影响国内学术界。

（三）第三段：1995 年—今天

这一时期的一个重要变化就是中国和美国考古学界开始在国内进行长时期的区域聚落考古研究项目，同时国内学者也在积极探索如何将美国聚落考古学的理念和方法与中国的具体情况相结合。在这一时段的初期，国内学者单独进行的聚落考古项目与和中美合作项目有很大差别，包括方法论和取得的成果。不过，近十余年来，中国学者单独开展的项目越来越多，在野外方法上与中美合作项目已经基本没有区别。同时，根据区域的不同和聚落分布的特殊性，本人提出了海洋聚落考古的概念，并在东南沿海地区开展了野外实践。部分学者则提出了游牧聚落的概念，并在新疆等地进行了野外实践。这些都是试图突破已有聚落考古研究范式的探索，从区域和经济形态的角度对沿海地区和游牧地区的聚落形态及其所反映的社会变化进行探讨。

中美合作项目主要有山东大学与美国耶鲁大学、芝加哥自然历史博物馆在山东日照地区开展的区域系统调查和研究（1995年至今）⁽⁵⁷⁾，中国社会科学院考古研究所与美国明尼苏达州科技考古实验室对洹河流域进行的区域考古调查和研究（1997—1998），中国社会科学院考古研究所与美国哈佛大学、澳大利亚拉楚比大学对伊洛河下游地区进行的聚落考古和研究（1997—2017）⁽⁵⁸⁾，吉林大学、中国社会科学院考古研究所、内蒙古自治区考古研究所与美国匹兹堡大学在内蒙古赤峰地区开展的区域系统调查和研究（1999年开始）⁽⁵⁹⁾等。这些合作项目均取得了重要的研究成果。其中最重要的是两国学者在一起应用并改进了美国已经发展出来的野外调查的方法，也让中国考古学界亲身体会到了聚落考古在操作层面的具体技术和问题。

而除了田野考古外，部分中国学者积极利用积累的考古材料，探讨聚落考古相关的问题。不过，由于没有新的系统的田野调查材料，有些综合性研究往往是对老材料的总结，基本没有突破性的进展。

需要注意的是，近年来全部由国内机构和学者进行的调查在增加。很多年轻一代的学者在思考和尝试如何设计更适合本地的方法⁽⁶⁰⁾。2009年，国家文物局在新颁布的《田野考古工作规程》中，也明确把区域系统调查列为一个重要的内容。不过，需要指出的是，这些区域调查基本上是在已有的方法上进行的，虽然有些项目做了一些改进，但在总体方面还缺乏创新。绝大部分调查项目都以研究史前时代社会组织的复杂化进程为课题目标，这也是在延续传统的聚落考古的研究方向。不过，近年来也出现了一些新的变化，如部分学者在西北地区进行的游牧聚落考古的调查和思考，是对传统聚落考古课题的拓展。正如下节将要详述的，本人提出了海洋聚落考古的概念，并在福建沿海地区进行了一些野外的实践。这些思考和尝试是在传统的聚落考古的理念和技术的基础上，试图对特殊地区和专门课题进行探索。

四、海洋聚落考古的思考和实践

本人根据自己对聚落考古的反思，同时结合研究沿海地区史前文化的需要，在2012年提出了"海洋聚落考古"的概念，并在福建沿海地区进行了田野实践[61]。

海洋聚落（maritime settlement）一般是指位于海岸和海岛的聚落，其经济活动中具有不同程度的开发和利用海洋资源的成分，并由此造成了其生活方式的海洋性倾向，创造了与海洋有关的文化。在精神信仰等方面，海洋聚落一般崇拜与海洋有关的神灵。这些海洋聚落的居民一般具有一定的航海技能，并沿海岸进行区域交流和族群迁徙。随着航海术的发展，部分居民向海外扩散和移民。由于居住环境的不同，海岸聚落和海岛聚落有一定的差别，但又是互相联系的。就海岛聚落而言，海岛的大小和离海岸的距离也是决定海洋聚落特点的重要因素。

研究海洋聚落的产生和发展，是探索海洋文化发展的关键。海洋聚落是反映人类适应海洋和开发海洋的最直接的证据。从广义的角度来讲，海洋聚落是人类聚落的一种模式，所以聚落考古学的方法和理论可以用来探索海洋聚落的一般问题。但是，海洋聚落又有其独特之处。从所处的环境和景观来看，海洋聚落的产生和发展是人类不断适应和开发海洋的产物，在聚落结构、经济形态和社会组织的演变模式上，与内陆地区往往有较大的差别。所以，海岸和海岛聚落的野外调查方法和研究议题，往往与一般意义上的聚落考古学研究是不同的。从这个角度来看，海洋聚落考古是一个新的研究领域。

自 1990 年代以来，欧美考古学界发展出了一个新的研究方向，即海岛考古学（island archaeology）或海岸与海岛考古学（coastal and island archaeology），提出海洋性社群（maritime community）等新的考古学概念，对传统的聚落形态的研究提出了一系列挑战[62]。其中，从事地中海和太平洋地区考古的学者在这个领域贡献最大。不仅发表了一系列文章和专著，而且还有专门的杂志《海岛和海岸考古学报》（*The Journal of Island and Coastal Archaeology*）。该杂志于 2006 年创刊，目前已经成为西方海洋考古的核心季刊。在近年的美国考古学年会上，海岛和海岸考古也成为常见的论题之一。美国的部分大学设立了专门的海岛和海岸考古研究方向。经过二十余年的探索，已经形成了一系列理论和研究方法[63]。虽然这一新方向不限于聚落考古，但其对于海洋性社群的探讨，极大地丰富了聚落考古学的研究内涵。

如上节所述，中国已经开展的聚落考古研究绝大部分都集中在内陆地区，关于海洋性聚落的系统研究基本上没有开展。有些聚落考古项目虽然是在沿海地区开展的，但并没有注重研究海洋性聚落。严文明最近在总结中国聚落考古历史和现状的一篇文章中，很明确地指出了这一研究空白："我们国家有将近400万平方公里的海疆，有5 000多个岛屿，在辽宁、山东、浙江、福建、广东和香港等地的一些海岛上都做过一些工作，但是没有很好地总结。今后要大力加强海洋文化的研究。"[64]可以说，现有考古材料的零碎性导致了目前中国考古学界对海洋聚落的研究远远落后于对内地聚落的研究。但是，另一个需要指出的事实是，在理论和方法上，我们既缺乏如何将当代聚落考古学的理念和田野技术应用到海岛和海岸的探索，同时也缺乏对西方考古学界过去二十余年来关于海岸和海岛考古探索的了解和认识。所以，海洋聚落考古在中国是一个急需填补的空白。

（一）海岸环境的变迁与海洋聚落调查

研究史前海洋聚落的发生和发展，就不能不研究海岸环境的变化过程。目前的中国海岸线长达3.2万公里，其中大陆海岸线1.8万公里，海岛海岸线为1.4万公里。在这个漫长的海岸地带，有5 000多个岛屿。但是，这个海岸地带的长度在不同时期是不同的。自更新世末以来海平面的升降，直接造成了海岸地带的伸缩，因而对海洋聚落的发展造成了重大影响。

中国东部海平面的变化当然受到全球海平面升降的影响，但区域地质构造和海岸线的特征也决定了海平面的升降周期和高度也是有区域特点的。地质学的研究表明，随着更新世晚期末次冰期的开始，中国东部海平面急剧下降，最大幅度可达−155 米。这导致了中国东部海域大陆架向东延伸长达 600 多公里。目前的很多沿海岛屿，包括台湾岛在内，当时都是大陆的一部分。所以，研究更新世末期的海洋聚落，一定要以当时的海岸线为基础。很显然，这些更新世末期和全新世初期的海岸或海岛聚落今天绝大多数都已淹没海底。了解和认识这些海底的聚落，需要依靠未来水下考古的探索，我们目前在这方面的材料基本上是空白。

全新世开始以后，随着全球气温的回升，海平面也开始在距今 9 000 年左右开始上升。就全球范围而言，距今 7 000—4 000 年间，是全新世海平面最高期[65]。但在不同地区，海平面的升降幅度是有差别的。一般认为，中国东部沿海这一时期的最高海平面可能出现在距今 6 500—4 500 年左右，高于今天海平面 2—3 米左右。这一高海平面期导致中国东部海岸线至少比今天的海岸线向内陆平均延伸 30 多公里[66]。而考古材料表明，这一时期正是中国东部史前海洋聚落的发展期。这个高海平面的出现对海洋聚落的分布造成了重大影响。现有的研究还表明，全新世早中期海平面可能有数次升降，每次持续的时间也不一致。如赵希涛等人认为，自全新世以来，中国东部海面有过七次明显的升降，每次海侵的范围也有差别。这些因素都直接影响海洋聚落的变迁。直到距今 4 000 年左右，今天的海平面才形成[67]。所以，聚落的形成时间是考察当时的海洋聚落和海岸距离的关键因素。也就是说，今天已经远离海岸的聚落，在当时或许就位于海岸或海岛上。如果地质学家推断的 30 公里海岸线的伸缩幅度可靠的话，我们要进行的新石器时代海洋聚落调查的范围就必须把距离今天海岸 30 公里内的区域都考虑进来。也就是说，真正意义上的全覆盖式的海洋聚落考古调查，尤其是对新石器时代海洋聚落的调查，一般应是调查距今海岸30公里内的区域。

同时，由于海岸地势的不同，这个区域可能要根据具体情况做适当调整。其中，河口地区更应该如此。譬如闽江口地区，根据目前的地质材料来看，距今6 500—4 500年间的海岸线要向内陆延伸80公里左右，今天福建闽侯的昙石山和庄边山在当时都是海湾中的小岛。昙石山遗址与今天海岸线的距离是75公里，但在当时却是一个海岛遗址。长江口、黄河口等地区的海岸线变化，因为受泥沙沉积作用的影响，情况更加复杂。就长江口而言，大部分地质研究都发现，在距今7 000年左右，长江口一带发生了大面积海侵。杨怀仁认为，当时的海水入侵到今天的镇江、扬州一带，南部海水则到达长兴、宜兴一带，今天的太湖在当时是滨海泻湖型海湾，江阴至昆山一带的高地成为半岛状陆地，长江三角洲平原的海岸向内推进的最大距离达240公里左右[68]。不过，关于距今4 000—7 000年间长江口海岸线的波动幅度问题，地质学界仍然在争论之中。有些学者甚至否认长江口在这一时期曾经出现过大面积的海侵。这个阶段正是长江下游地区史前文化发展的关键时期，古海岸线的确认是我们理解和认识当时海洋聚落形态的关键。所有的这一切环境因素都增加了在野外对海洋聚落进行调查和确认的复杂性。

从考古学文化特征上来讲，如何确定一个聚落是否是海洋性聚落，也是一个有待探讨的问题。从理论上讲，从事海洋资源的开发和利用，应该是判断一个遗址是否为海洋性聚落的最重要的标准。在野外最直接的证据当然是与海洋经济活动有关的遗存，如遗址中存在大量的海贝、海鱼或渔业工具如鱼钩、网坠等。东部沿海的贝丘遗址和沙丘遗址，往往是最典型的海洋聚落。而国内目前对海洋聚落的研究，也主要集中在这两类遗址上。但是，正如所有的考古遗址一样，海洋性聚落在变为遗址的过程中，往往受制于多种因素。很多位于海岸和海岛的遗址，往往既不是贝丘遗址，也不是沙丘遗址（如浙江象山的塔山遗址、山东长岛的北庄遗址等），如何判断这类遗址的性质，就给我们提出了一个挑战。另外，有些遗址中虽然也有部分海洋生物，但是其所占的比例远远低于陆地生物（如跨湖桥、河姆渡等遗址），也给判断这类聚落的海洋性带来了困难。国内学术界目前对这些问题尚缺乏深入的讨论。但是，不解决这些问题，我们在野外调查中就会缺少一个确定遗址性质的标准。我们在福建沿海的海洋聚落考古调查中，尝试的方法是以遗址离古海岸线的距离为参考标准，即一个遗址只要在古海岸附近，无论我们在野外是否发现与海洋活动有关的遗存，在野外记录上都可以把这类遗址列为海洋性聚落。但是，为了与贝丘和沙丘遗址等典型的海洋聚落相区别，根据遗址的位置，我们要注明这类遗址为台地或其他类型的聚落。

（二）史前中国海洋聚落的发展阶段

根据现有的考古材料，史前中国的海洋聚落可以分成三个阶段。这三个阶段是以目前整个中国东部沿海为区域背景的，但并不表明这个区域内的文化传统都是一致的。正如下面将要详细论述的，每个区域内的海洋聚落发展阶段明显不同。

1. 第一期：更新世末期，约距今 30 000—10 000 年

目前我们所能看到的与海洋活动有关的材料，最早出现在更新世末期。更新世早期和中期的已有的地点和遗址中，还没有能确认为海洋性聚落的材料。如上所述，因全新世海平面的上升，绝大多数更新世末期的海洋聚落均已淹没海底。在目前大陆沿海地区发现的一些旧石器时代的遗址或地点，离当时的海岸都有较大的距离，应该是当时的内陆遗址或地点。

台湾东海岸的旧石器时代遗址应该是研究这一时期海洋聚落最直接的材料。因为即便是在最低海平面时期，台湾东部仍然接近当时的海岸线。而对台东八仙洞遗址群的考古研究，也证明了生活在这些洞穴内的更新世晚期的人群，是从事海洋捕捞的。长滨八仙洞洞穴群基本上都是海蚀洞穴，由于自更新世以来的持续地质抬升作用，目前这些洞穴均已高出目前的海平面。但是，在这些洞穴中都发现了深度不等的海沙堆积层，部分洞穴还出土了鱼钩等。张光直对这些洞穴遗址的性质做了如下解释："这种洞穴位置在海滩上或其附近以及若干出土物的性质（如文化遗址出土于沙滩上，打石废料的集中堆积，以及骨角制的捕鱼钩）指明出来这不是一个长期性的聚落，而是特殊性的生产活动地点。很可能这些洞穴曾经是渔民的临时栖息址，渔民在此准备和发动与渔捞有关而不用陶器的某些活动，而他们的长期聚落是在别处的，或许是在内陆区域"。[69]张光直明确将这些洞穴的居民称为"渔民"，这也是目前中国东部沿海所能见到的最早的海洋族群的考古材料。目前台湾的考古学者正在对这些洞穴群进行新的研究，其成果将会推动我们对这些更新

世末期"渔民"的经济和文化的认识。

2. 第二期：全新世初期，约距今 10 000—8 000 年

这一时期能够确认为海洋性聚落的遗址仍然很少。由于海平面开始上升，部分原来处于海岸的遗址或许已经没入海底。浙江萧山的跨湖桥遗址为我们提供了一些了解当时海岸聚落的材料。根据遗址的堆积和出土的材料，大部分研究者都认为跨湖桥是位于古海岸边的聚落。跨湖桥遗址报告的主编蒋乐平对跨湖桥遗址性质的认识具有代表性：认为这是一个存在于距今 8 000—7 000 年，以湘湖及其周围地区为重要分布区，面向海洋，最后为海洋所颠覆的考古学文化。他同时还认为跨湖桥的独木舟可能是早期的单边架挺独木舟，具有一定的航海能力 [70]。尽管出土的动植物材料表明，跨湖桥居民仍以获取陆生资源为主要生计形态，但毫无疑问这个聚落的居民也开发利用海洋资源。跨湖桥是目前所知的全新世最早的海洋聚落。

3. 第三期：全新世中期，约距今 8 000—4 000 年

这是海洋聚落的迅速发展期。整个东部沿海地区都出现了数量较多的海洋聚落。在这 4 000 多年中，海洋聚落的发展过程在不同地区有明显差别，而且早晚也不同。从目前的材料看，距今 7 000—5 000 年之间，是海洋聚落发展最快的时期，遗址的数量也最多，目前已发现的贝丘和沙丘遗址也基本出现在这一时期。而这一时期也正是高海面时期。可以说，海平面上升所造成的海岸环境的变化，促进了海洋聚落的发展，使中国史前时代的海洋文化和航海术发生了重大的转折。现有的材料表明，长距离的系统航海活动已经出现，沿海地区之间的交流得到发展。同时，这一时期还发生

了较大规模的海上移民现象，如原南岛语族由东南沿海向台湾岛或更远地区的扩散等。可以说，这一时期发展出来的海洋文化，奠定了后来中国古代海洋文化的基本格局，是理解中国古代海洋文明的关键时期。

（三）史前中国海洋聚落的分区

根据考古学文化传统的不同，史前中国的海洋聚落可以分成三个大的区域。每个地区的文化特色不同，对海洋开发的形式和航海术的发展程度也不一样。

1. 北部海岸区：渤海湾及黄海地区

从考古学文化的角度来讲，主要是海岱文化区的分布和辐射范围，也是广义的东夷文化区。其中以胶东半岛和辽东半岛的材料最丰富，海洋聚落以贝丘遗址为主要特点。

学术界对胶东半岛的贝丘遗址的研究较多，取得了较好的成果。1990 年代，我们曾以环境考古为主题，对胶东半岛贝丘遗址的分布特点和区域差别进行了研究[71]。近年来，山东考古界进一步调查并发掘了部分贝丘遗址，极大地丰富了我们原来的认识。据不完全统计，胶东半岛已经发现的新石器时代的贝丘遗址已达百余个，年代基本上在距今 7 000—4 600 年间。而在同一时期，辽东半岛也出现了较多的贝丘遗址。从考古学文化的特征来看，这些贝丘遗址的陶器群和石器群表现出很多共性，表明在当时可能存在一个横跨渤海湾的文化互动圈。位于渤海湾内的绝大部分岛屿都有遗址发现，也说明当时人已经有了较强的海洋适应能力。

山东日照沿海和江苏东北部沿海的史前海洋聚落情况，目前的认识还很不够。一个非常有意思的现象是，尽管很多新石器时代遗址也位于海岸附近，但这一地区基本不见贝丘遗址。如上所述，这种现象给判断当时的海洋聚落造成了很多困难。一般来讲，临海而居而又不适应和开发利用海洋，这似乎是不可能的。如何从考古学的角度改变对这一地区海洋聚落遗址的认识，是一个急需探讨的问题。

2. 中部海岸区：东海海岸地区

主要指长江三角洲和浙江东部至广东东北部沿海地区，考古学文化复杂，又有小区域的差别。其南部是南岛语族的发源地。以海岸台地和贝丘遗址为主要特点。这是史前中国海洋聚落最发达的地区之一。

长江口和杭州湾地区的海洋聚落发展脉络，由于资料和认识的限制，学术界一直未能有效地进行探讨。虽然地质学界对这一地区的海岸线变迁的研究进行了很深入的研究，但一直未能取得一致意见，这在客观上给寻找位于当时海岸边的遗址造成了困难。另一方面，这一地区也缺乏有效地判断海洋聚落的特征如贝丘遗址或沙丘遗址等。最近在浙江余姚新发现的井头山遗址，表明距今8 000年左右的贝丘遗址在杭州湾地区是存在的，但基本上都已经被深埋在海相沉积层下。尽管学术界同意海岸线的变化对这一地区的史前文化发展造成了重大影响，但是对人类如何适应海洋和开发海洋的研究一直未能给予高度关注。再加上中国考古界长期以来以文化区的概念为主导，将考古学上所定义的马家浜文化、崧泽文化和良渚文化均视为农业社群，也促使野外工作不注意探寻海洋聚落的存在。但是，一个不容忽视的现象是，在位于长江口和杭州湾以外的舟山群岛上，也发现了很多新石器时代的遗址，显然表明当时是存在海洋族群的。在杭州湾南岸，从跨湖桥遗址到河姆渡文化的很多遗址中，都发现了海洋文化的踪迹。因此，如何突破已有的认识框架，寻找和研究这一地区新石器时代的海洋文化，是一个亟待探索的问题。

相比之下，台湾海峡两岸的新石器时代的海洋文化的研究要深入很多。这一方面是因为贝丘遗址广泛分布于海峡两岸和岛屿之上，同时也是因为学术界一直认为这是探索南岛语族发源的最重要地区，因此相关的研究较为活跃。在过去的十余年中，由于海峡两岸学者的共同努力，对这一地区距今 6 500—3 000 年左右的海洋聚落的变迁有了较系统的认识。我们与有关单位和学者合作，对这一地区的海洋经济的变化过程、区域交流以及所反映的航海术的变化进行了系列研究。我们认为，新石器时代这一地区沿海的区域交流和跨越台湾海峡的移民和互动，奠定了南岛语族后裔的高超航海术的基础，也使得这一地区在后来的中国历史时代一直是海洋文化发达的地区[72]。

3. 南部海岸区：南海海岸区。主要指珠江三角洲和北部湾一带。史前海洋聚落以贝丘和沙丘遗址为主要特点

有的学者认为，这一地区最早的海洋聚落可以追溯到距今一万年前的海南岛的落笔洞遗址，主要依据是这个洞穴内发现了一些海贝遗存[73]。但各种迹象表明，落笔洞人的主要资源来自陆地，其对海洋的利用相当有限。但是，在距今 7 000 年以后，这一地区的海洋聚落迅速增加，成为中国史前海洋文化最发达的地区之一。已

经发现的位于河口、海湾和海岛的贝丘和沙丘遗址数量已达数百个，已经发掘的遗址都出土了丰富的捕捞工具和海洋生物遗骸，表明当时对海洋的开发利用相当活跃。在新石器时代的珠江三角洲地区，这种活跃的海洋文化造就了不同遗址间的文化特征的高度相似性。大部分学者都认为它们属于同一个考古学文化，尽管在命名上有"大湾文化""咸头岭文化""后沙湾文化"等不同意见。实际上，珠江三角洲和邻近外岛上的文化的相似性，表明了当时的航海术已经较为发达，人们可以自由地在海上往来。新石器时代发生的这些海洋文化，奠定了该地区后来的历史时代的海洋文化的基础，使得这一带一直是中国海洋文化最活跃的地区之一。

（四）余论

作为聚落考古学的一部分，海洋聚落考古是一个亟待发展的领域。在中国考古学的聚落研究体系中，目前关于海洋聚落的研究还处于开始阶段。由于环境的特殊性，海洋聚落有很多独特之处。因此，在理论和方法上，海洋聚落的调查和研究也有别于内陆地区。

中国海洋聚落考古的开展，目前首先受制于材料的不完整性。以海洋聚落的分布为主题的调查目前基本不存在。已有的材料根本不足以描述海洋聚落的时空分布，更遑论进行深入探讨了。海洋聚落的历史变迁模式，关系着航海术、海洋开发和海洋社会的演变等问题，而所有这一切都要建立在系统的考古调查和发掘材料的基础上。同时，在如何确认史前海洋聚落这一问题上，目前我们也缺乏有效的讨论。地质学界关于海岸线变迁的研究，在时间和区域范围上，往往又不够细化，影响了其对考古学研究的参考价值。同时，目前地质学界关于古海岸的研究也存在很多争论，确认海岸线变迁的标准也没有统一。这也给考古学界辨认遗址离古海岸线的距离造成了困难。

尽管困难很多，海洋聚落考古却是前途无量的。在我国漫长的海岸线上，自更新世以来就一直有人类在开发和利用海洋。他们的社会、经济、生活和信仰是中国古代历史的重要组成部分，也是重要的文化遗产。虽历经沧海桑田的地质变迁和后期人类开发的改变，相当数量的史前海洋社群的聚落仍然保留了下来。中国考古学界已经积累了一定的研究基础。如果我们能有效地利用聚落考古学的方法，积极探索新的野外调查和发掘方式，并大胆探索新的概念，海洋聚落考古在中国一定会在不远的将来有一个大的发展。

肆　经济考古学的概念和实践

一、引　　言

　　经济考古学是考古学的一个分支或专门研究领域，是从经济的角度来探讨古代社会的变化过程。一般认为，经济有三个重要组成部分，即生产、交换（分配）和消费。经济考古学关心的是在社会发展的不同阶段，经济的这三个重要组成部分的特征、形成过程和对社会的影响。古代人类如何控制、开发和分配经济资源，是经济考古的核心研究内容。经济考古学要描述古代的经济活动，尤其是考古材料所反应的经济形态，但其重点是解释这些经济形态对社会发展过程和人类行为的影响。

　　经济考古学也是考古学与经济学或政治经济学之间的交叉领域。从理论上讲，经济学主要是研究人与物的关系，研究人类如何用有限的资源满足更多更重要的需要。而政治经济学研究人们之间的经济关系、生产关系或物质利益关系，探讨某种经济关系建立过程的社会背景。考古学也是研究古代人与物之间、人与制度之间关系的学科。考古学所研究的对象和材料中，相当部分是古代经济活动的产物。描述和探索古代的经济形态和变化过程，并解释这些变化过程对社会和人类行为的影响，是考古学和经济学共同关心的问题，也是经济考古学的核心议题。

经济考古学作为一个研究领域，是 1970 年代以后在欧美考古学界逐渐形成的。这一分支学科是在经济学、经济人类学和考古学思潮变革的背景下逐渐形成的。历经半个多世纪的发展，经济考古学已经发展出了一套比较成熟的概念和研究方法，而其研究的范围也在不断扩大和加深，成为考古学中非常活跃的一个领域。

中国考古学自 1950 年代以来，由于以马克思主义为指导思想，一直很注重经济的研究。探讨的课题很多，其中对史前和古代农业的产生和发展过程用力最多。出版过《农业考古》杂志。但是，中国考古学始终没有把经济考古学作为一个分支领域来进行研究，尤其缺乏对基本概念的探讨。中国考古学界对古代经济的研究大多是描述性的，很多文章停留在材料的介绍层面上，缺少解释。

不过，值得注意的是，1990 年代末期以后，一批学者试图探讨中国古代社会独特的经济与政治的关系，如小农经济的产生和发展对中国文明进程的影响、二里头国家（夏代）的政治经济关系等。本人也试图用"低水平食物生产"这个概念来解释东部沿海地区史前文化的演变过程等。尽管在概念的原创性上我们仍有待努力，但经济考古学在中国的发展前景是光明的。

二、经济考古学产生的背景：经济学和
经济人类学的影响

二战以后经济学和经济人类学思潮的变化，为经济考古学的出现奠定了理论基础。传统经济学以欧美的工业经济为主要研究对象。但是，随着二战以后世界格局的变化，亚洲和非洲等地区的经济发展也成为传统经济学的重要议题。由于欧美西方国家和亚非等地在社会制度和经济形态上的巨大差异，促使经济学家开始研究经济与社会制度之间的关系，并越来越重视对人与人之间的关系的研究，而这些领域人类学家也一直在关注。比较经济学（comparative economics）和经济发展（Economic development）成为 1960—1970 年代经济学研究的重要领域之一。经济学理论倾向的这一转变，为人类学、考古学与经济学理论的结合奠定了基础。

1. 经济学理论的影响

1960 年代，欧美经济人类学和经济史学界，在如何研究古代经济（原始经济和农民经济）以及经济和社会组织之间的关系问题上，出现了两大派别，即形式主义（Formalist）和实体主义（Substantivist）。两派之间就一系列理论和方法问题进行了激烈辩论，其争论的焦点在于人类学家在何种程度上可以应用传统经济学的概念和方法来研究原始经济和农民经济[74]。这些辩论对经济考古学早期的研究产生了重要影响。经济史学以波兰尼（Karl Polanyi）和戴尔顿（G. Dalton）的理论对经济考古学影响最大，而

经济人类学则以萨林斯（Marshall Sahlins）影响较大。这三位学者都是实体主义的倡导者。形式主义则在研究方法上，对经济考古学的发展产生了重要影响。形式主义所倡导的数理统计模式，在经济考古学中应用最为广泛。

形式主义（Formalist）认为古代经济和当代经济有很多相似之处，人类学家可以用传统经济学的概念和理论来研究原始经济和农民经济。他们认为，传统经济学的概念诸如资本（capital）、供给（supply）、需求（demand）、剩余产品（surplus）、稀缺性（scarcity）、经济化（economizing）和最大化（maximizing）等，都可以用来研究非工业经济。他们还认为，研究探索涵盖前工业经济和工业经济的经济规律是可行的。人类学家应该认真学习传统经济学的概念和数理方法，并将其运用到原始经济和农业经济的研究中去。原始经济和农业经济体的产出水平（levels of output）和生产率（productivity）是可以进行数理统计的，即所谓的"可统计的表现"（quantifiable performance）。其代表学者包括 Firth、Salisbury、LeClair 等。

形式主义对经济考古学影响较大的是对食物资源选择的研究和古代交换方式的研究，数理统计方法的广泛应用等。对聚落考古也造成了一定的影响，如研究聚落的选点等。

实体主义（Substantivist）认为工业革命从根本上改变了人类社会的经济行为，当代经济的规模和运作方式，完全不同于古代或原始经济。与当代自由经济不同的是，原始经济和农民经济从根本特征上来讲是一种生业经济（subsistence economy）。市场不存在或只在经济中占微不足道的成分，这是一种非市场经济（non-market economy）。原始经济和农民经济受制于社会和文化，只能作为文化和社会的一部分来研究。因此，人类学家不应该简单地借用传统经济学的概念和方法来研究原始经济和农民经济，而应该去创立自己独特的概念和方法。

在 1957 编辑出版的经典著作《早期帝国的贸易与市场》（*Trade and Market in the Early Empires*）中，波兰尼就明确地将古代经济与当代经济区分开来，并对古代经济进行了如下分类[75]：

1）互惠性经济（Reciprocity Economy）：互惠性经济的根本特点是礼物交换，即赠予某人某种东西，将会换回同等价值或更高价值的东西。这种经济行为广泛存在于各种社会和各个地区中，即便今天仍然存在。互惠性经济受制于一系列社会和文化规则，是社会组织的一部分，不是一种任意的经济行为。某些社会阶层或个人可以利用礼物交换的方式来提高自己的社会地位，或保持自己已有的统治地位。统治阶层往往用自己控制的特权品作为礼物，来达到控制其他社会成员的目的。

2）再分配经济（Redistribution Ecnomy）：再分配经济的主要特点是将资源或材料集中到一个中心点或某个人那里，然后再分配给其他人或地区。波兰尼认为，这种集中和再分配实际上是税收。在古代社会中，再分配经济一般是与互惠性经济共存的。有权负责再分配的人往往有着特殊的或较高的社会地位。中心资源，尤其是食物，可以用来作为控制社群的重要资产。

3）市场经济（Market economy）：波兰尼认为古代经济的第三种形态就是市场经济，即生产者为了谋求经济利益而生产和竞争。市场价格成为一个重要的经济调节剂。

波兰尼强调这三种经济形态是古代社会组织原则的重要组成部分，是土地使用、劳动力资源的分配、工作组织和人群之间物品流通的重要原则。其根本功能就是保证社会和环境资源达到一种平衡，这样才能保证社会的稳定和发展。古代的交换具有伦理价值和功能。

2. 经济人类学的影响

经济人类学对经济考古的影响，以萨林斯（Marshal Sahlins）的研究影响最大。1972 年，萨林斯出版了专著《石器时代经济》（*Stone Age Economics*），系统论述了他的经济人类学观点。这本书对考古学界关注经济研究起到了重要的推动作用[76]。萨林斯从人类学的角度对古代经济的解释，与波兰尼的理论观点有很多相似之处，二者都是实体主义的主要代表人物。

萨林斯认为，他所倡导的经济人类学，"从方法到结果，经济都是被作为文化的一个构成部分而不是人类的一种行为，是社会的物质生活过程而不是某种个人行为的需求过程。我们的目的不是要分析企业家，而是要比较文化"[77]。

萨林斯在这段话中明确指出，他所倡导的经济人类学与传统的经济学是有重大区别的，不是研究企业家的经济行为，而是要研究人类的文化，经济活动只是文化活动的一个部分。很显然，萨林斯的这一观点受到了波兰尼古代经济理论的影响，但表述更明确。

萨林斯的这本书共六章，但主要论述了三个主题，即狩猎—采集者的"富裕社群"（affluent society）的经济形态及其产生的背景、原始家庭生产的两种方式即"低产化"（underproduction）和"强化"（intensification）以及产生的社会背景、原始社会交换（exchange）、贸易（trade）和礼物（gift）的社会、文化和精神意义。萨林斯大量依靠太平洋地区原住民的民族志材料，提出了很多精辟的论断。

在交换和贸易问题上，萨林斯明确指出他受到了波兰尼的很大影响。他基本同意波兰尼的三分法，同时用进化论的观点来论述这三种经济形态所对应的古代社会，认为互惠经济主要存在于游团和部落社会中，而再分配经济在酋邦社会和国家社会中才出现。萨林斯进一步将波兰尼的互惠经济分为一般性的（generalized）、平衡性的（balanced）和亏损性的（negative）三种形态。

1）一般性的（generalized reciprocity）互惠经济：也就是马林诺夫斯基所说的"纯粹礼物"（Pure gift），赠予是自愿的，一般不期望回报，如分享食物。这是非常个人化的物品流通行为；

2）平衡性的（balanced reciprocity）互惠经济：这是一种直接交换（direct exchange），赠予和回报是均等的，如联姻礼物、友情礼品和议和礼品等。与一般性互惠经济相比，这是更"经济化"的一种物品交换行为。

3）亏损性的（negative reciprocity）互惠经济：获得的物品大于回赠的物品，或根本不予回赠。严格地讲，这已经不是"互惠"，而是单向的索取。

萨林斯更关心的是这些物品流通方式与亲属制度（kinship）的关系。他认为，亲属关系的远近直接决定了上述物品流通的方式。

但是，经济人类学到1990年代以后，却走向了死胡同。经济已不再是人类学的热门话题。很多人类学家认为，产生这一结局的根本原因在于经济人类学没有发展出一套有活力的概念和理论框架，最终走向了衰落。很多人开始寻找新出路。1994年，Halperin

在一篇较有影响的专著《文化经济学：过去与未来》（*Cultural Economies: Past and Present*）中指出，经济人类学要想发展，必须将考古学吸收进来。她提出了文化经济学（cultural economics）的概念，试图寻求新的突破口来比较和研究不同的经济形态[78]。

三、经济考古学早期的研究

现代考古学从诞生开始，就一直没有脱离对经济活动的研究。但是，早期的研究多注重对考古材料的直观描述，即考古材料所反映的经济活动。虽然对经济形态在不同时期的变化进行了归纳，并提出了一些重要的概念，如柴尔德提出的"农业革命"等，但经济考古学并没有形成一个相对独立的研究领域。

作为一个专门的研究领域，经济考古学的产生是 1970 年代以后的事情，突出的表现是一系列概念和技术方法的产生，更注重的是解释经济活动与人类社会和行为变化的关系，描述变为次要的领域。对解释的注重，同时刺激了新的研究技术的产生。专门的研究课题大量出现，大量的专著和文章发表，使经济考古学成为西方考古学中非常活跃的一个领域。

（一）欧洲早期考古学对经济的研究

欧洲考古学界对古代经济的研究，以柴尔德（V. Gordon Child）

最具代表性，影响也最大。1920—1940年代，柴尔德发表了一系列著作，试图从经济变化的角度来解释史前社会的变化。其中，下面三本著作较具代表性：《最古老的东方》(*The Most Ancient East*，1928)，《青铜时代》(*The Bronze Age*，1930)，《最古老东方的新曙光》(*New Light on the Most Ancient East*，1934)。他最关心的是农业的起源。综合起来，柴尔德的主要观点可以简述如下：

1) 农业的产生是史前社会的最重要的转折点，是革命性的变化，他将其命名为"新石器时代革命"或"农业革命"，认为这一转折与后来的工业革命同样重要。

2) 农业在近东地区的最初发生，是由于冰期后干旱所引起的。干旱迫使人们集中生活在有限的绿洲上，开始种植作物和驯养家畜，以便能养活不断增长的人口。农业的发展导致近东地区文明的最早发生。

3) 农业作为一种技术由近东传播到欧洲，是由近东文明中心需要用剩余的农产品交换其他原材料引起的。

柴尔德的上述理论超出了他同时代的很多学者。他不仅仅着眼于描述技术的变化，而且试图从经济形态的转变来解释人类社会的变化过程。但是，由于考古材料的限制，他的研究仍具有很强的假设性。他用传播论的观点解释文化的变化也受到了后来很多人的批评。他的很多理论被认为是马克思主义观点，二战以后在英国和美国受到激烈批评。

欧洲考古学早期对古代经济关注较多的另一位学者是 G. 克拉克（Grahame Clark）。G. 克拉克不仅继承了柴尔德在剑桥大学的职位，同时也继续关注欧洲史前经济的研究。他的一部主要著作就是在探讨史前欧洲的经济基础[79]。

但是，G. 克拉克又是柴尔德的批评者。他自己在学术上的创新，是从环境和生态的角度来研究欧洲古代经济的变化过程。他将欧洲分成三个生态环境带：北极圈、温带和地中海地区。他对各个地区的生计形态、技术和贸易交换的发展变化过程进行了系统研究。在发掘技术上，更注重研究环境。他对 Starr Carr 的发掘是从经济的角度综合研究一个遗址的经典之作。

G. 克拉克对柴尔德批评很多，尤其是批评柴尔德的马克思主义倾向。但在理论建树上，克拉克远不如柴尔德。不过，克拉克和柴尔德都对经济考古学的发展做出了开创性的贡献。

（二）美国考古学的早期经济研究

英国考古学界对经济研究的注重，也影响到了美国考古学。尤其是二战以后，这种影响日益明显。其中对农业起源问题的研究，基本上是与英国考古学的对话。布雷伍德（Robert Braidwood）和马尼士（Richard S. MacNeish）等学者在野外探索和理论上的创新，是美国考古学界在经济考古学早期研究中的代表。

布雷伍德承继柴尔德的学术传统，继续对近东地区农业的起源进行研究。在 1948—1955 年间，他在伊拉克调查和发掘了一系列晚旧石器到早新石器时代遗址，代表性遗址是耶莫（Jarmo）遗址。布雷伍德的一个重要贡献，就是否认柴尔德的干旱理论。根据他自己发现的材料，布雷伍德不认为气候和环境变化是农业发源的推动力。相反，他认为农业的开始是文化发展到一定程度以后自然而然的结果，内部原因是主要动力[80]。

马尼士于1960—1968年之间在墨西哥的 Tehuacan 地区，开展了近9年的所谓"考古—植物研究项目"（Archaeological-Botanical Project）。这是在美洲首次进行的多学科综合研究农业起源的课题，在方法上有很多创新之处。有意思的是，马尼士根据这个项目的研究成果，也得出了与布雷伍德类似的结论，即农业的产生是一个渐进过程，不存在突变式"革命"。他的这一看法也是在否定柴尔德的突变农业革命理论[81]。

二战前后对农业起源的这些早期探索，是欧美考古学界对古代经济的主要关注点。对有关理论的探讨和在田野实践中新技术的应用，奠定了后期经济考古学产生的基础。在课题的探讨范围上，这些课题都极大地扩展了传统考古学的研究范围。考古学家一般与生态学、植物学、地理学等多学科学者合作开展研究，使研究的材料范围得到了很大扩展。这种多学科合作的实践，为后来过程主义考古学的出现和发展奠定了基础。

四、当代经济考古学的产生和发展

经济考古学真正成为一门相对独立和较成熟的研究领域，英国的希格斯（Eric Higgs）做出了重大贡献。因为在概念和方法论上的创新和突破，希格斯被很多学者认为是当代经济考古学的创始人！他所创立的学派又被称为"古经济学派"（School of

Palaeoeconomy），或称"希格斯学派"^{（82）}。

作为克拉克的学生，希格斯和他剑桥大学的一批同事，继承并发扬了柴尔德和克拉克的经济研究学术传统。希格斯组织了"早期农业史综合研究课题"（Major Research Project in the Early History of Agriculture）。这一课题集中了考古学、生物学、植物学、地理学、地质学等多学科的学者，对农业的发展变化过程进行了系统研究。

希格斯特别强调经济活动是考古学研究中最重要也是最容易发现材料的领域，强调考古学的中心使命就是要研究制约人类行为的各种自然规律。希格斯不赞成考古学家重点研究社会组织和宗教等问题，认为考古学在这些课题中处于劣势。经济形态的变化应该是考古学研究的中心。

希格斯最重要的突破是一系列新概念的提出和新方法的应用：

1）首次提出了"遗址领地"（Site Catchment）这一概念，即一个遗址或聚落赖以存在的获取资源的区域范围。遗址领地分析是希格斯学派的最突出的特点。其主要方法是依据民族学材料，计算一个遗址在一天可步行的距离范围内，有哪些资源可以利用。

2）提出了"生态遗物"（Ecofact）这一概念，与"人工遗物"（artifact）相对照。强调生态遗物比人工遗物更能反映古代经济形态，因为所有的经济形态是与生态环境密切相关的^{（83）}。

希格斯对研究方法的创新，主要表现在数学方法的大量应用，以及对环境资料的系统采集。希格斯提出的概念和数学模型分析法对当代经济考古学的发展影响很大。尽管很多学者不一定完全同意他对考古学的定位，而且他关于遗址领地的研究也受到了很多人的质疑，但不可否认的是，他开创了研究古代经济的新领域，超出了柴尔德和克拉克。从这个意义上来讲，希格斯才是当代经济考古学的创始人。

五、贸易（trade）和交换（exchange）研究

贸易和交换是经济活动中重要的产品分配和流通方式，自然也就是经济考古学研究的重要内容。1960年代以前，欧美考古学界主要停留在描述层面，并曾经用"交互作用圈"（interaction sphere）这一概念来描述不同区域或文化之间的物品交流现象。比较有影响的是Joseph Caldwell在1964年发表的《史前时代的交互作用圈》（Interaction Sphere in Prehistory）一文。他主要描述和解释了美国东北部和中西部地区距今约2 100—1 500年的Hopewell文化的物品流动和贸易范围：海贝来自南部的加勒比海湾（Gulf shell），铜器在来自北部的五大湖地区（Great Lake copper），黑曜石取自西部的落基山脉（obsidian from the Rockies）。Caldwell把这个大区域的互动活动称之为"Hopewell交互作用圈"（Hopewell Interaction Sphere），并提出这种大区域的互动是研究和认识Hopewell文化变迁和社会制度的重要材料[84]。

这一概念当时在欧美考古学界有一定影响，譬如Flannery 1968年将交互作用圈这一概念应用到中美洲考古学的研究中，伦福儒（Colin Renfrew）于1969年将这一概念应用到了地中海地区的研究中。这些研究都强调互动圈中的交换与当代的商业贸易并

不完全相同，而且包括很多非商业目的的交流如礼物交换、婚姻关系、仪式互访等。这一概念通过张光直先生的介绍，对中国考古学造成了深远的影响，但张先生进一步发展了这一概念。除了用交互作用圈来描述自公元前 4000 年以来中国新石器时代主要区域内越来越强的物质文化的相似性，他更强调到了龙山阶段以后各区域之间的社会组织和意识形态演进上的相似性，并以此来解释中国文明的形成过程[85]。这实际上已经远远超出了交互作用圈这一概念最初的交换和贸易的内涵了。

自 1970 年代以来，欧美考古学在贸易和交换研究方面，不仅在概念上进一步丰富，在研究方法上也有很多创新。出版和发表了大量的著作和文章，其中，比较有代表性的一本论文集是 J. Ericson 和厄耳（T. Earle）于 1982 年编辑出版的《史前交换的境况》（*Contexts for Prehistoric Exchange*）[86]。

值得一提的是霍德（Ian Hodder）在这本论文集的论文中提出的"社会交换"（social exchange）概念。他认为古代社会的交换品是有象征意义的，交换品不是随意选择和接受的，它们都具有一定的象征意义，并反映有关社会的意识形态。所以在霍德看来，考古学应该特别关注交换的象征性和意识形态意义，将交换放到社会特定的背景中去研究和理解。不过，霍德同时也强调交换是经济行为的一部分。交换品在社会或遗址中的环境背景是决定其象征意义的最重要的材料。不同区域内交换品的出土背景（如何种墓葬或房屋内）和离产地的距离，也是分析交换品的重要指标。某种物品可能会在较大区域内进行广泛的交换，其原因应该是它所代表的意义是被广泛认可的。

另外值得关注的是厄耳对交换问题的一系列探讨。在《史前交换的境况》这本论文集中，厄尔提出在概念层面，考古学家应该将史前交换分成个人交换和群体交换。从方法论的角度来讲，厄尔认为，考古学应该重点研究两个方面的课题：1）详细描述交换的形态和内容；2）解释交换产生的背景和机制，弄清楚是个人行为还是集体行为，并用有关的社会和文化背景来解释这种行为的发生。

在如何解释史前交换的背景和机制问题上，2002 年，厄尔又发表了一篇文章《商品流通与复杂社会的进化》（Commodity flow and the Evolution of Complex Societies），再次从经济人类学的理论高度对商品流通和史前社会复杂化的问题进行了论述[87]。

厄尔对波兰尼的一句名言特别推崇，即"经济包含着制度过程"The economy has institutional process。从理论的层面上，他认为人类的经济有两大互相关联的特征：其一，经济首先是一个物质过程（material process），即物质的生产、交换和消费过程；其二，经济是有形态的（form），即所有的经济活动都要受制于特定时间和空间的社会和政治关系。这是制度经济学派所特别推崇的理论原则，即如欲研究和认识经济形态的差别，必须要研究其相关的社会和政治制度。

厄尔在这篇文章中提出了一个重要问题，即从物品流通的角度来看，史前社会制度复杂化的升级是否和物品流通的数量成正比。或者说，考古学家是否可以根据物品流通的数量来推测社会复杂化的程度。他根据自己对夏威夷群岛的酋邦和丹麦的 Thy 地区青铜时代的酋邦社会的物品流通的对比研究，提出酋邦政体的大小

和复杂程度，不是由物品流通的数量来决定的，而是由财政的特质
（nature of finance）来决定的。

根据厄尔的研究，酋邦社会的财政体系可以分成两类：生活
品财政（staple finance）和财富财政（wealth finance）。这是由两种
政治统治策略来决定的：前者存在于"管控型"（corporate strategy）
酋邦体系中，后者存在于"网络型"（network strategy）酋邦体系
中。前者的物品流通较少，而后者的物品流通较多，尤其是有特权
品的流通。

厄尔认为，1778年以前的夏威夷酋邦是典型的生活品财政酋
邦，即各个酋邦基本上依山傍海，生活资源自给自足。虽然夏威
夷酋邦发展出了复杂的组织结构，人口有数十万，酋邦阶层也复
杂，但因使用管控型统治体系，生活品财政体系决定了物品流通不
发达。与此相对照的是丹麦早期青铜时代（公元前1500—前1000）
的简单酋邦社会，但物品流通相当发达，财政主要靠出口贸易来支
撑。厄尔由此得出结论，认为政治权力结构体系是决定前商品社会
和前资本主义社会物品流通量的主要因素，经济效率没有发挥太大
作用。

欧美考古学界对史前交换问题的这些理论和概念层面的探讨，
也促进了考古学界在方法与技术上进行了一系列创新，以便更有效
地发现考古材料中蕴含的交换信息。其中最重要的是遗物产地研
究。各种地质和地球化学技术被广泛应用于产地研究之中。岩相分
析、主成分和微量元素分析、同位素分析等被普遍用于石器和陶器
产地研究之中，所取得的材料更具有实证性。另外，传统的类型学
分析得到改进和加强，尤其是数学统计模型等技术进一步应用于类

型学的比较之中。

目前欧美考古学界对交换的研究热情仍然很高。交换与社会复杂化过程的关系、奢侈品交换与权力的维护、交换与权力和财富的关系、贸易品的象征意义等，都是学术界一直在关注的热门课题。

六、世界系统理论（world system theory）

对当代经济考古影响较大的是沃勒斯坦（Wallerstein）于 1974 在其名著《当代世界系统》（*The Modern World Systems*）中提出的世界系统理论[88]。沃勒斯坦提出世界系统理论的目的是要解释资本主义出现的背景原因，并没有涉及考古材料。沃勒斯坦特别指出，他的这一理论只适合解释过去五个世纪的世界经济格局。不过，考古学家很快认识到这一理论也可以用来解释古代世界很多地区的政治经济格局形成的原因。其中美洲考古学和西亚、中亚考古学反应最积极，对这一理论的应用也最广泛。

在讨论考古学界对这一理论的应用和延伸之前，有必要先梳理一下沃勒斯坦世界体系中有关经济的主要论点：

1）这个世界体系是个经济体系，而这个经济体系是指互相联系的经济体，而不是指全球经济体系；

2）在这个经济体系中，存在劳动分工和文化多样性，有中心（core）和边缘（periphery）的差别，边缘往往受中心的主导；

3）中心国家（core states）具有复杂的政治结构、先进的技术，并对生产、交通和通讯进行控制。而边缘地区（periphery areas）的政治结构一般处于前国家或早期国家阶段，相对较弱，但因为拥有丰富的资源，所以才被中心国家纳入其经济体系之中。中心国家通过剥削边缘地区的劳动和资源来获取巨大的利润或剩余产品。欧洲国家往往通过殖民的方式来控制边缘地区；

4）在中心国家和边缘地区之间，存在半边缘地区（semi-peripheries），往往充当中心和边缘的中介（intermediaries）。

沃勒斯坦关心的虽然是当代国际经济和政治格局，但因为他也对这一格局形成的历史背景进行了追溯，所以也引起了欧美考古学界的高度关注。很多学者对这一理论表现出了巨大的热情，纷纷用来解释相关的考古材料。但在应用过程中，很快就发现了问题[89]。譬如，Schneider 在沃勒斯坦发表这一理论之后的第三年，即 1977 年，就指出沃勒斯坦强调的中心对边缘的单向控制与吸纳是不适合古代社会的，边缘也往往对中心产生影响。这一观点很快被很多考古学家所接受，研究边缘地区在何种条件下接受中心的控制并对中心产生了何种影响成为重要议题。很多学者因此对世界系统理论进行了修正，以便能更适合自己研究的区域材料，以至于这些变相的应用离沃勒斯坦最初的定义内涵越来越远。一个典型的例子就是 Chase-Dunn 和 Hall 在 1997 年提出的对中心和边缘关系的二分法：

1）中心—边缘区别关系（core-periphery differentiation）：不同社会政体之间相互频繁交换；

2）中心—边缘等级关系（core-periphery hierarchy）：中心对边

缘进行控制。

围绕"边缘"这个概念，Allen 在 1997 年提出了"被争夺的边缘"（contested periphery）概念，用来指拥有关键资源的地区，往往会成为多个国家争夺的焦点。争夺方式可能是经济方式，但更多的是通过军事方式。最近提出的另一个概念是"协商边缘"（negotiated periphery），由 Kardulias、Parkinson 和 Galaty 等于 2007 年提出，主要强调边缘地区并不永远是被动的，它们往往会积极改变自己与中心国的关系。

这些分类实际上已经脱离了沃勒斯坦对世界系统理论的中心定义，即中心对边缘地区的剥削关系，已经不是这个理论的最初内涵了。不过，这些细化了的概念都对最初的定义做了较大补充，使其更能适用于考古学的研究。

有些学者根据考古材料，把世界体系的出现时间极力往上推。譬如弗兰克（Frank）在 1993 就发表了一篇影响甚广的文章，认为世界系统在近东地区已经有 5 000 年的历史，即从国家出现以来就一直存在。他同时提出，考古学对世界系统的研究应该重点探讨以下五个问题[90]：

1）长距离贸易关系；

2）资本的积累过程；

3）中心—边缘结构；

4）霸权的转换和对抗；

5）经济发展的上升和下降的循环性。

弗兰克特别指出，在考古学的材料中，如何确定世界系统的范围是一个关键问题。在多大的区域范围内，存在着中心国家、边缘地区和半边缘地区的关系，考古学材料往往是不明确的。另一个难题是，这种界限在不同的时间内往往是不同的，这也增加了考古学研究世界系统的复杂性。但尽管如此，世界系统理论提供了一个新的视角来探讨古代区域之间的经济和政治关系。直到今天，仍然有很多考古学者在应用这一理论的核心概念来探讨相关的问题。

七、考古学的市场研究

对市场定义的认识，决定了考古学家对市场的研究角度的不同。受波兰尼的影响，考古学界在很长一段时间内不重视对市场的研究。很多学者同意波兰尼的看法，认为真正意义的市场——自由经济市场——只是到资本主义经济出现以后才存在，人类的史前和上古时代基本不存在市场。

波兰尼的观点是，以个人利益（individual self-interest）和市场机制（market rationality）为主要特征的市场交换只有到资本主义阶段以后才存在。他认为近代资本主义市场与早期经济的重大区别包括以下三点[91]：

1）劳动和土地的商品化（the commoditization of labor and land）；

2）通用货币的存在（the presence of universal money）；

3）信息流通比古代经济更有效（perceived inefficiencies of information flows regarding market conditions in the past）。

不过，考古学界也有很多人反对波兰尼的这一观点，并从考古材料中来积极辨认和分析市场在古代经济中的作用。但是，在下面三个问题上，欧美考古学界的分歧很大：如何从考古学的角度来研究市场？市场是一种近代现象，还是自古就有的现象？古代市场在考古材料中的表现如何？

考古学的材料表明，市场交换在很多古代社会中都是存在的，譬如中美洲的玛雅和阿兹特克（Aztec）、地中海地区等。在中国，至迟到战国时代，市场交换已经普遍存在。在以后的各个历史时期，市场持续存在并发展。宋元时期，曾经发展出了较大范围的国际市场交换（如漳州窑瓷器的生产和交换）。但不可否认的是，古代市场与当代市场存在相当大的差别。我们应该从理论上探讨这些差别存在的原因。从因缘关系上讲，当代市场是古代市场发展的结果。但是，古代市场也是有差别的，不同的古代市场的发展途径也不相同。只有进行对比研究，我们才能更好地理解欧洲工业经济产生的深刻社会背景，也才能探讨在当前全球化的浪潮下，为什么各地的经济仍然不同。

根据民族志和古代文献记载，市场交换在古代和当代的少数族群中都是存在的。很多学者据此认为，市场在古代是存在的，只是发展规模和性质不同。但是坚持波兰尼观点的考古学者，尽管不否认前工业社会市场的存在，但认为近现代西方市场经济完全不同于古代市场。

如果我们认为市场在古代存在，那么如何才能从考古材料或现象中发现这些市场？1998 年，赫斯（Hirth）在《当代人类学》杂志上，发表了题为《分布研究法：从考古材料中辨别市场交换的新方法》(The distributional approach: a new way to identify marketplace exchange in the archaeological records) 的 长 篇 文 章。以 墨 西 哥 Xochicalco 遗址研究为基础，赫斯提出了考古学探索市场交换的四种方法[92]：

1）境况方式（Contextual approach）：在缺少实证材料的情况下，可以一般逻辑推理市场的存在，如都市中心或大型遗址应该存在市场；

2）空间方式（Spatial approach）：不同的聚落等级，或不同距离的物品流通的存在，或许表明市场的存在；

3）构成方式（Configurational approach）：即从考古遗迹中设法辨认市场遗迹的存在，中美洲考古学已有很多探讨；

4）分布方式（Distributional approach）：这是赫斯特别提倡的方法，即如果在一定区域内，一般家庭拥有的物品的数量和特征高度一致或相似，则表明市场交换的存在。

Stark 和 Garraty 编著了一本论文集，名字就是《古代社会市场交换的考古学研究法》(*Archaeological Approaches to Market Exchange in Ancient Societies*)。在这本论文集的序言中，他们提出了另外一种辨认市场的方法：手工业区域分布法（regional production-distribution approach），即根据手工业品（陶器、石器等）的生产规模和分布区域的范围，来探讨一个区域内是否存在市场交换[93]。

这些探讨都是试图在无文字记录的考古材料中，辨认出市场存在的踪迹。尽管每一种方法都有一定的优缺点，但是市场是探讨古代尤其是史前经济的一个重要概念，这一点在欧美考古学界是没有异议的。

八、经济考古学的现状与前景

在当今的欧美考古学界，传统的经济考古学的课题仍在继续深化。但新的经济理论和概念也在不断冲击经济考古学。其中影响较大的是"博弈论"（Game theory）和"路径依赖理论"（Path dependence theory）。

博弈论又称"对策论"，其研究的中心是决策的均衡问题。博弈论强调的是，个人效用函数不仅依赖于自己的选择，而且还依赖于他人的选择，个人的最优化选择是其他人选择的函数。博弈论又分为合作博弈论（cooperative game）和非合作博弈论（non-cooperative game）。其主要区别是在于人们的行为发生作用时，当事人是否有一个具有约束力的协议。如果有这个协议，就是合作博弈，反之，则为非合作博弈。

博弈论最早出现于 1944 年，以 John von Neumann 和 Oskar Morgenstern 合著的《博弈论和经济行为》（*Theory of Games and Economic Behavior*）的出版为标志。1950 年代是博弈论的大发展时期，合作博弈论的发展达到顶峰。同时，非合作博弈论也开始产生。1950 年由 Albert Tucker 提出的"囚徒困境"（prisoners' dilemma）理论和纳什（John Nash）提出的"纳什均衡论"（Nash Equilibrium）就是现代非合作博弈论的重要基础。

自 1970 年代以来，博弈论已成为当代经济学的基石。1994 年的诺贝尔经济学奖就授给了三位博弈论专家：纳什、Reinhard Selten

和 John Harsanyi。他们三位的主要贡献是在非合作博弈领域。这也是当代经济学尤其是微观经济学使用博弈论最多的领域。博弈论的方法和原则已经被广泛应用于经济学、政治学、军事学、外交学、国际关系学、犯罪学等领域的研究之中。在过去的十余年中，欧美考古学界也有人开始尝试使用博弈论来解释古代的一些现象，譬如用博弈论来解释食物分享起源的理论基础和国家产生的经济基础等。

另外一个开始影响考古学研究的理论是"路径依赖理论"。路径依赖理论最初是经济学家们用来解释决策过程中的历史因素，其中心原则是某种经济行为或决定的做出，往往受制于以前所做的选择和发生过的因素，即便这些过去的选择所处的社会环境已经不复存在。

在与资源利用相关的一些考古研究中，路径依赖理论已被一些学者纳入解释的范畴中。有意思的是，经济考古学的这些研究也日益受到经济学界的关注，并被纳入很多政策性战略研究项目中来。在探讨如何应对人类未来所面对的资源危机和环境危机的挑战时，经济考古学成为考古学与多门社会科学和自然科学的交叉点，因此有广阔的发展前途。

九、"低水平食物生产"概念与中国史前经济研究

在经济考古学的研究中，食物生产起源是一个一直备受关注的课题。受柴尔德"新石器时代革命"理论的影响，欧美学术界在

20 世纪的大部分时间内都纠结于农业起源的时间点，形成了一种"二元对立"式的思路（dualistic epistemology），即简单地将史前社会的经济形态区分成狩猎采集经济和农业经济。柴尔德特别强调新石器时代革命是"一个事件"（a single event）。虽然他承认在这一事件发生之前，应该会有很多的步骤，但他认为考古学只能观察到结果，而这些步骤是无法直接观察到的。柴尔德认为，新石器时代革命清晰地将农业经济和狩猎采集经济分列开来，是人类历史上最重大的事件之一。如此重大的"事件"当然需要一个清晰的发生时间，而且是当然越早越重要。

近年来，这种二元对立式思路已经受到了很多学者的批评。以哈里斯（Harris）和史密斯（Smith）为代表的一批学者，从概念和理论上对农业起源研究中关于采集和农业分立的话语系统进行了强烈的批评[94]。他们认为，长期以来，农业起源研究存在很多模糊不清的术语，学者对一些关键性的概念的解释和理解往往因人而异。很多人分不清"栽培"（cultivation）"驯化"（domestication）和"农业"（agriculture）之间的差别。而另外一些诸如"复杂的狩猎采集者"（complex hunter-gatherers）"萌芽时期的农人"（incipient agriculturalists）和"驯化前栽培"（pre-domestication cultivation）等复合式术语（composite terms），往往更让人无所适从。

这些概念的理论出发点都是试图将人类史前生计形态截然二分为狩猎采集或农业社会，假设农业起源为"革命性"的突发事件。这种二元论导致很多研究关注寻找驯化作物出现的最早时间和地点，而完全忽视了中间形态。

实际情况是，人类的采集行为和农业活动之间并非完全对立，许多史前食物的生计模式乃是介于狩猎采集与农业之间，考古学应该关注这种介于中间的经济形态和其对史前社会的影响。许多学者已试图提出一些新的概念来描述这种中间形态，如哈里斯提出的"以野生植物为主的食物生产"（wild plant-food production dominant）、哲勒毕（Zvelebil）提出的"可获取时期"（availability phase）和"替代食物生产时期"（substitution phase），以及史密斯提出的"低水平食物生产经济"（Low-level food production economy）。

在这些试图寻求中间地带的概念中，以史密斯的"低水平食物生产经济"影响最大[95]。史密斯对这一概念的定义是，无论动植物是否已经被驯化，只要人类开始有意管理它们，干预其自然的生长周期，这就是从事生产活动，这种生计形态就是食物生产经济。人类早期的食物生产毫无例外都是低水平的。史密斯指出，只要生产的食物的热量（calories）不超过一个社群年摄取热量的30%—50%，这种食物生产经济就是低水平的。从事低水平食物生产的社群，仍在很大程度上要依赖渔猎和采集的食物维持生存。史密斯将不同社会形态的低水平食物生产分为两大类：一类为没有驯化动植物的生产经济，另一类是有驯化动植物的生产经济。这类社会与完全依靠狩猎采集为生的社会不同，同时也与完全依靠农业为生的社会不同。根据这一标准，史密斯对全球主要文明地区的考古材料进行了分析，发现这种低水平食物生产经济延续的时间相当长。据史密斯估计，在近东地区的文明中低水平生产持续了约 3 000 年，在墨西哥瓦哈卡（Oaxaca）则有 5 500 年之久，在北美东部则持续了约 4 000 年，在欧洲也持续了 4 000 余年。

"低水平食物生产经济"概念打破了传统上把狩猎采集社会和农

业社会截然分开的概念系统，从动态的角度来探讨食物生产出现的过程，并特别强调这种低水平生产经济绝不是一个短暂的过渡现象。相反，在全球绝大部分地区，这种低水平的食物生产方式都持续了数千年的时间，表明这是一个很成功的经济适应模式。在更新世末至全新世中期，分布在世界不同地区的社群面临的环境、社会和文化的挑战是不同的，但低水平食物生产经济是他们选择的共同的适应模式。这种生产模式是这些史前社会赖以生存和发展的基础，对不同地区社会演化的过程造成了重大影响。因此，我们有必要对这种生产方式进行认真的研究。只有这样，我们才能深入研究各个地区社会发展的历程。不过，就全球范围而言，考古学家对这一经济形态的研究实在是不够。在中国考古学界，直到目前仍很少有人知道"低水平食物生产经济"这一概念，更遑论认真探讨了。"低水平食物生产"概念为我们重新认识中国史前经济从更新世末到全新世早中期的转变模式提供了一个新的视角。全面检讨低水平食物生产经济在中国史前时代存在的时间跨度和空间范围，对于我们更好地解释中国史前时代经济的多样性和区域差别是很有意义的[96]。

十、中国史前低水平食物生产的个案研究：河姆渡文化经济形态的再思考

河姆渡文化的经济形态是低水平食物生产的典型代表之一[97]。不过，长期以来，中国考古学界对这一经济形态的认识就是这样

的。1973 年河姆渡遗址的发掘一直是令中国考古界自豪的重要里程碑。这一距今 7 000—5 000 年的遗址发现的水稻遗存是当时世界上已知最早的驯化稻。这一发现不仅一举奠定了长江流域是稻作农业最早起源地的基础，而且也使得河姆渡遗址从此受到中国和世界各地考古学者的关注。中国学术界由此而长期兴奋。在农业起源尤其是稻作农业起源的研究上，不仅倾注了巨大的热情和资源，而且孜孜追求这一"革命性"事件发生的时间和地点。稻作农业起源的时间被一再提前，而且所有出土更早的水稻遗存的遗址都受到了学术界极大关注，相当部分这类遗址的发掘都被评为当年度中国十大考古发现之一。

由于 1980 年代晚期至 1990 年代在长江中游发现了更早的水稻，河姆渡遗址便失去了在早期农业起源研究中的宠儿地位。湖南北部的彭头山和八十垱遗址发现了距今 9 000—8 000 年前的被认为是人工栽培（驯化）的水稻，年代较河姆渡早了千余年。于是长江中游成为学术界探讨稻作农业起源的新焦点。随后，更早的湖南的玉蟾岩遗址和江西的吊桶环和仙人洞遗址的发现，更让学者开始假设长江中游为史前水稻栽培起源的中心地区。河姆渡文化似乎已不再与稻作农业的起源有关。

但是，过去十余年来在浙江的一系列新发现又把学术界的视线引向了长江下游地区。上山遗址（距今 11 000—9 000 年）和跨湖桥遗址（距今 8 200—7 000 年）均发现了被认为是驯化的水稻遗存，其年代和长江中游的发现相近。因此，长江下游地区再次被视为稻作农业的可能发祥地。但是，由于对野生和驯化稻区分标准的认识不一致，部分学者指出真正意义上的驯化稻在中国出现的时间是在距今 6 000 年前后[98]。如此，河姆渡的早期的水稻也应该划入野生的范围内，河姆渡的晚期才是稻作农业的发生时间。河姆渡似乎又变成了探讨稻作农业发生的起点线。

在至今已发表的五百余篇研究河姆渡文化的论文与专著中，绝大多数都与稻作研究有关，学界对河姆渡稻作的研究热情可谓持续高涨。有意思的是，研究文章虽不少，但学者们对河姆渡文化水稻遗存的属性及其在稻作农业史上的地位至今也没有取得共识。从技术角度如何区分野生（wild）和驯化（domesticated）水稻，学术界一直在争论不休。而且，直到最近的文献中，中国的大多数研究者都将驯化稻称为栽培稻。游修龄先生首先将河姆渡出土稻谷鉴定为亚洲栽培稻中的籼亚种（*Oryza sativa* L.subsp.hsien Ting）。同时，根据与稻谷同出的古秕这一现象，游修龄先生提出河姆渡文化的农业是"耜耕农业"，并进一步推断稻米已是主要的粮食，农业生产已经成为主要的生产方式。游修龄先生对河姆渡稻作水平的这一判断长期以来一直是中国学术界的主流观点。在 2003 年出版的河姆渡遗址发掘报告中，作者进一步强调了河姆渡文化的经济以农业经济为主[99]。

不过，游修龄先生对河姆渡稻米的鉴定结果却不断被充实和更新。周季维在河姆渡的稻谷遗存中不仅发现了籼稻，而且还发现了粳稻（*O. Sativa* L. subsp. keng Ting）和高原粳型类的爪哇稻（*O. Sativa* L. Javanica）。在 303 个可鉴定标本中，周季维发现 74.59% 的标本为籼稻，23.43% 是粳稻，1.98% 为爪哇稻。周季维这一分类为张文旭所批评。张文旭根据双峰乳突鉴别法，提出河姆渡的稻米是被历史固定的非籼非粳的正在分化的古栽培稻，应称之为"河姆渡古栽培稻"。日本学者佐藤洋一郎和中国学者汤圣祥等合作，在所观察的81粒河姆渡稻米中，发现了4粒普通野生稻（*Oryza rufipogon*）。这些发现表明，河姆渡遗址出土的稻谷遗存所包含的种类是相当复杂的。由于水稻基因和植硅石形态研究的进展，学界目前对河姆渡水稻属性的认识也渐趋统一，多数学者同意河姆渡稻米的主体是粳稻类型，而不是籼稻。

最近，稻作农业在河姆渡经济中的地位也受到了部分学者的挑战。基于学界对野生和驯化稻区别的新认识以及新的考古发现，秦岭等认为"河姆渡是一个很大程度上依赖于季节性采集储存坚果类食物（尤其是橡子）资源的生计模式"，认为河姆渡先民主要为"坚果采集者"（Nut Collector），"可能已经有了人工种植行为来利用野生的稻类资源"[100]。这一观点不仅否定了稻作在河姆渡经济中的主导地位，而且也基本否定了河姆渡出土的稻米是驯化稻的看法。

总而言之，河姆渡的发现所带动的中国学术界对稻作农业起源研究的历程，在很大程度上就是要寻找农业发生的最早时间和地点的过程。在研究理念上，中国学术界基本上是柴尔德式的二元对立思想，即农业与狩猎采集业是截然有别的。虽然也有人提出需要研究农业的发生过程，但这是一个微弱的声音，直到目前仍未引起学术界的足够重视。

现有的考古证据表明，河姆渡先民的经济活动是多样性的。除了种植水稻以外，他们还狩猎大型陆生动物、采集陆地和水生植物，并从事海洋和河流捕捞，饲养家猪、狗，甚至可能包含水牛。这种多样性的生计形态奠定了河姆渡先民定居生活的经济基础。

河姆渡文化的先民种植水稻已是学术界的共识。河姆渡遗址4A层厚达一米的稻谷、稻草、稻壳和稻叶堆积，是学者视稻米为河姆渡先民主要食物来源的重要证据之一。田螺山遗址也发现了一些稻谷堆积遗迹，而炭化稻米则普遍出土于所有的文化层中。其他河姆渡文化遗址如鲻山和慈湖等亦出土数量较多的水稻遗存。田螺山遗址还发现了两个时期的一定规模的稻田，进一步表明种植水稻是河姆渡文化生产经济一个部分。

但是，问题的关键是水稻种植业的发展水平。如上所述，大部分学者相信河姆渡文化具有发达的稻作农业并以稻米为主要粮食。这一观点最近也受到了挑战。郑云飞等对田螺山遗址水稻田的分析表明，当时水稻的产量相当低[101]。秦岭和傅稻镰等则指出，水稻在河姆渡文化的食物链中的重要性低于橡子等坚果，并将河姆渡先民称为"坚果采集者"（nut collectors）。我认为，目前的材料似乎不足以讨论水稻和橡子谁主谁次的问题。橡子基本上发现于较下层的保水环境的储藏坑中，且多数未被食用。但从田螺山遗址的材料来看，水稻在各层的发现也相当普遍，而且数量也相当大。遗址周围有一定规模的水稻田发现，已表明当时已有水稻生产。河姆渡先民既是"坚果采集者"，也是水稻种植者和采集者。我们还应该看到，除橡子与水稻外，几乎所有的河姆渡文化遗址都发现种类丰富的动物与植物遗存，显示河姆渡先民获取食物资源的范围相当广泛，因而把坚果采集列为河姆渡文化的主要生计形态同样是片面的。

除了植物类的食物外，动物在河姆渡文化食物链中的作用也是不可忽视的。以河姆渡遗址为例，仅陆生动物就有20余种，其中有 7 种今日已绝灭；水生动物有 22 种，其中 5 种为海生；另有 8 种鸟类动物。遗址报告将狗、猪、水牛列为家畜，不过亦有新的研究认为水牛可能为野生种。多数兽骨破碎或有切痕，显示其为食用后的遗留。田螺山遗址也出土了为数可观的动物与植物遗存。虽然详细的量化分析尚未出版，大量且密集的出土兽骨暗示动物在食物链中扮演的重要角色。

值得注意的是，河姆渡文化的生计形态不只利用多样化的陆地资源，也大量地利用海洋资源。与多数中国内地的新石器时代文化不同的是，河姆渡文化具有强烈的海洋文化特色，因而海洋适应也是其生计形态的重要组成部分。目前发掘的所有河姆渡文化的遗址都有相当数量的海洋动物发现，表明海洋是当时居民重要的食物来源之一。河姆渡遗址报告所发表的海洋类动物种类有：生活于暖温低盐泥质浅海环境中的锯缘青蟹（*Scylla serrata*）、鲸鱼（*Cetacea sp.*）、鲨鱼（*Carcharhinus sp.*）、鲷鱼（*Gymnocranus grisues*）和海龟（*Chelonia mydas*）等。此外，陶器上高比例的蛤类压印纹也暗示河姆渡先民大量采集海贝。在河姆渡遗址早期的陶器纹饰中，22% 为蛤类的贝壳压印纹，其比例之高超过了中国东南地区多数的贝丘遗址[102]。

在已经发掘的河姆渡文化遗址中，均发现丰富的海生动物遗存。田螺山还发现了深海鱼类中的金枪鱼等[103]。这些材料表明，获取海洋资源是河姆渡文化生计形态的重要组成部分。

河姆渡文化的海洋文化特征是由其所处的地理环境所决定的。大多数河姆渡遗址距今日海岸线约 20 到 30 公里，但主要遗址的地层堆积和地质学证据均显示 5 000—7 000 年前的海岸线与今日完全不同。目前所有发掘的河姆渡遗址均被叠压于一层海相沉积层之下，而有的遗址则有多层海相沉积层。譬如，河姆渡遗址最上层（第1层）的堆积就是厚达1米的海相沉积，而2B层也是海相堆积。这种情形表明，在河姆渡的晚期，至少有两次海侵事件发生。在田螺山，所有文化层均被叠压在一层厚达2米的海相沉积层下。其他已发掘的河姆渡文化的遗址均与此类似。这表明，河姆渡文化的聚落离当时的海岸线很近，所以才容易受海侵的危害。

地质学研究表明，河姆渡文化分布的宁绍平原在全新世时期至少经历过四次海侵事件，导致了这一地区的全新世堆积中有4层是海相或泻湖沉积层。其中对河姆渡文化影响最大的是第二次和第三次海侵事件。第二层海相与泻湖堆积厚0.4—7米，年代为距今6 000左右，河姆渡遗址的2B层就是这层海相沉积的一部分。这次海侵事件发生在河姆渡文化的中期，相当数量的聚落受到冲击，部分聚落可能被海水吞没。第三层海相沉积距今5 000年前左右，这也是此地区河姆渡文化聚落最晚期。目前发现的所有的河姆渡文化层均压在第三层的海相沉积层之下，表明这次海侵的范围比上次要大。绝大部分河姆渡文化的聚落被海水吞没。

这两次海平面上升极大地改变了河姆渡文化分布的区域结构。由于宁绍平原大部分被海水淹没，已经不再适合人类居住，迫使大批人口从这一地区外迁。从距今6 000年以后，在浙江东部沿海和舟山群岛上出现了数量较多的河姆渡文化的聚落，当是这些移民建立的新家园。

临海而居的生活为河姆渡先民适应海洋和开发海洋提供了条件。在获取海洋食物资源的过程中，河姆渡文化的先民进一步发展了航海术。在目前已发掘的绝大部分河姆渡文化的遗址中，均有木桨出土，表明舟楫已被普遍使用。在田螺山，还发现了可能是当时独木舟码头的遗迹。我们最近对田螺山等遗址的石器产地的研究表明，河姆渡文化的先民可能通过航海来进行石器的交换或获取石器原料。这些材料表明，河姆渡文化的航海术已经发展到了一定的水平，至少已足以沿海岸和近海岛屿活动。

总而言之，河姆渡文化中目前能够列为食品生产的，只有水稻、猪和狗。大量的野生动植物遗存的发现，表明河姆渡文化的食物生产只是生计形态的一部分。根据现有资料虽还不能精确计算生产食物占总体食物的比例，但种种迹象表明，它们不太可能超过食物的 50%，因此是低水平食物生产。

以"低水平食物生产"来描述河姆渡文化的经济形态，可以帮助我们更全面地认识河姆渡生计方式的复杂性。同时，这种低水平的食物生产方式也在很大程度上决定了河姆渡社会的发展水平。很显然，大量出现于遗址的水稻遗存显示，稻米是河姆渡先民的重要食物之一；稻田的发现更进一步表明河姆渡先民具有一定程度的稻作能力。稻米的生产以及猪狗的驯化，显示食物生产为河姆渡经济的一环，社会并非纯粹依赖狩猎、采集和捕捞。但是，正是因为其生产水平低，采集经济对社会仍然非常重要。这种经济形态造成了河姆渡的聚落规模都是小型的。其社会的分化也很不明显，看不出有强烈的等级差别。在近两千多年的发展过程中，社会的复杂化进程似乎相当缓慢，尽管物质文化的形态发生了较大变化。

但是，河姆渡文化对东南沿海地区的史前社会进程的影响却是非常重大的。其中晚期向东部和南部海岸地带的扩散，为这一地区不仅带来了新石器时代的生活方式，而且也迫使其社会对海洋资源的依赖日益递增。海洋经济成分的增加，又反过来改变了河姆渡文化的社会和文化形态。福建沿海新石器文化的发源，很可能就是渡海南来的河姆渡文化的移民所创造的。考虑到国际学术界中的大多数学者把台湾海峡的新石器时代文化作为原南岛语族的发源文化，那么河姆渡文化的后裔很可能就是南岛语族的最早的祖先之一。所以，尽管河姆渡文化的食物生产是低水平的，但它对中国东南沿海地区甚至东南亚群岛史前史的影响却是不低的！

伍　景观考古学的概念

一、引　言

景观考古学（landscape archaeology）是过去三十余年来西方考古学讨论较热烈的一个新领域。有关学者已组织了多次学术会议进行讨论，并出版了数本论文集和数量相当多的论文。这一概念最近也被部分学者应用到中国考古学研究中，不过，在实际应用中，仍然存在对其内涵和研究方法认识模糊的问题。其中最大的认知问题是景观考古与传统的环境考古是否重合，或者说认为其只是新瓶装旧酒，换了个新名词而已。这一点也是欧美考古学在 1990 年代争论最激烈的地方。如何将景观考古与环境考古区别开来，既是一个理论问题，也是一个在实际研究中如何操作的实践问题。

二、景观考古与环境考古的区别

从大的学术背景来看，景观考古学这一概念的提出，是后过程主义思潮对过程主义考古进行冲击的一部分，所以，从一开始，提倡景观考古学的学者就明确表明，景观考古学不是传统意义上的环境考古学。

景观考古学的理论基础是后过程主义或后现代主义，强调的是人的主动性，或人对景观的主动解释和认知。这一点与传统的环境考古学有根本的区别。就美国考古学而言，环境考古曾经是过程主义考古学的一个重要内涵，其理论基础是生态人类学（ecological anthropology），重点研究人类社会对环境的适应（adaptation）。在概念上，环境考古学一般认为环境是独立于人类社会之外的实体，自然环境和人类社会是不同的领域，环境变化可以影响社会的变迁，而人类对变化的环境采取的应对策略是人类适应环境而作的自我调整和改变。

景观考古学则不同，更强调的是人对环境的改造和人对周围环境的理解和认识。对景观考古学者而言，景观不是静态的、被动的自然物体，而是人为的景观。随着人类认识的变化，景观的含义也发生变化。

正是因为将景观定义为人为的外部环境，景观考古学反对环境决定论对考古现象的解释，强调人与环境是互动的，景观是有意义的，其意义受制于人所处的社会环境和精神信仰。景观考古就是要探讨景观的人文含义。

三、欧美学者对景观考古的认识过程

虽然后过程主义思考在 1980 年代初就开始猛烈冲击欧美考古学界，但景观考古概念的提出却是 1990 年代才开始的。在美国，对景观考古学的探索在 1990 年代初期较有影响的是尹高（Tim Ingold）的研究。1993 年尹高在《世界考古学》（*World Archaeology*）第 25 期上发表了长篇文章《景观的时代性》（The temporality of the landscape）[104]，从理论上系统地论述了景观的含义以及景观考古可以研究的内容，在西方学术界产生了较大的影响。他提出了著名的景观"三不是"说：

1）景观不是土地，因为它不能被计量；

2）景观不是自然，因为它不能与思想分开；

3）景观不是空间，因为它不可能像空间那样从环境中剥离出来。

如果景观不是土地，不是自然，不是空间，那么景观考古学研究的对象就与环境考古学南辕北辙了。

景观到底是什么？尹高认为景观与人类社会和思想认识密不可分，二者实际上是同一个实体的两个因素（two elements of the same reality）。他由此提出一个新词汇"任务观"（taskscape）。这个任务包括人类对景观所进行的一切活动。人群在景观内从事的各种任务和他们所处的社会环境密不可分，景观是人群对环境的改造物。尹高强调人类历史的过程是一个不断创造景观的过程，景观包含了很多历史信息。他由此提出景观考古学就是要从居住视野（dwelling perspective）来研究人地关系，尽管考古学家所观察到的景观的历史意义不一定与对创造这些景观的人群的认识完全一致。

英国后过程主义考古的代表学者之一绰里（Christopher Tilley），也是最早对景观考古学的理论进行论述的学者之一。1994年，他出版了专著《景观现象学》[105]。这是第一本从现象学的角度来研究景观考古的专著，重点探讨古代和现代对景观空间的不同体验和认识。以英国为研究个例，他提出前资本主义时代和资本主义时代对同一个景观的认识是有重大差别的。前资本主义时代的很多神圣的景观，在资本时代却变成世俗的空间，并变得日益商业化。

1999年，绰里又出版了另一本专著《比喻与物质文化》[106]，更是明确地将景观考古学定义为对景观的符号意义（symbolic meaning）的研究。他认为，景观是由各种地点组成的，景观应该定义为是由带有情感、记忆和个人以及人与人之间共同体验的有关联的地点的组合。

1999年是景观考古学研究格外活跃的一年。除了上述绰里的著作外，这一年还出版了两套学术论著，集中讨论了景观考古学的理论问题。其一是坎普与艾什莫（Knapp & Ashmore）联合主编的景观考古学论文集《景观考古学：当代视野》[107]。书名特别用复数的考古一词（archaeologies），意在表明景观考古是多元的。在为该书所写的序言中，坎普与艾什莫从理论上对景观和景观考古学做了系统论述。他们将景观分成三类：

1）建造的景观（constructed landscape），譬如纪念碑性建筑、园林、宿营地、房子、村庄，等等。这些人类建造物给景观新的含义，但没有从根本上改变地势；

2）概念化的景观（conceptualized landscape），是指由某种强势的宗教、艺术或其他文化概念给自然景色或自然物赋予特殊的含义，通过地域性的社会体验，这些自然景观的意义被重新解释；

3）意识景观（ideational landscape）。这种景观是精神意义上的景观，是想象的，但却很具有触动力。

基于这种对景观的理解，坎普与艾什莫提出，景观考古学应该研究下列问题：

1）作为记忆的景观（Landscape as memory）；

2）作为身份认同的景观（landscape as identity）；

3）作为社会秩序的景观（landscape as social order）；

4）作为变迁的景观（landscape as transformation）。

这种对景观考古学研究范围的认识，与上述绨里和尹高相比，在内容上更加具体。很显然，这种对景观考古学的内涵的阐释，是与传统的环境考古学的研究内容大相径庭的，更注重的是人对环境的认识和改变。这本论文集所收录的论文也基本是沿着这个思路所进行的个案研究。

1999年，《古物》（Antiquity）杂志发表了一组景观考古学的研究文章。费舍和瑟斯顿（Fisher & Thurston）是这组文章的组织者。在为这些文章所作的评述中，费曼（Gary Feiman）指出，景观考古学的核心有三点[108]：

1）利用自然科学的多种技术手段来认真地研究自然环境，但探讨的课题是社会科学的；

2）承认人与环境的互动关系是历史随机性的、动态的和不断变化的，这种关系受制于文化观念和过去人类的行为；

3）认识到人类环境本身的相当一部分是人类行为动态地与自然互动的结果。

费曼的这个理解更多地试图将环境考古和景观考古联系起来，认为二者不能彻底分开。如果要研究人群对景观的认识和改变，首先要用科学的手段和技术把当时的环境研究清楚。

费舍和瑟斯顿也从理论的角度提出了对景观考古学的理解，指出环境是人类观念所创造的东西，是经常变化的，而不是静态的。所以，景观考古与传统的环境考古有重大区别，因为环境考古学一般把环境作为纯自然、静态的实体，而在研究目的上一般是探讨环境对人类文化和社会的影响。景观考古学家批评这种做法是环境决定论，忽视了人的作用[109]。

从研究的个案课题来看，历史考古学对景观考古的探索最活跃。历史时期的很多地面遗迹和建筑，都有文献可以查询建造的背景，对于探讨景观考古学所关心的内容是有利的。在英国和美国，很多考古学家开始注重研究古代建筑在不同时期被当时社会的认识和意义。如美国考古学家 Mark Leon 对 William Paca 花园的研究，以及英国考古学家 Matthew Johnson 对英国从封建社会到资本主义社会转变时期城堡的研究等，都特别关注社会群体对这些特定景观认识的转变。

四、景观考古学出现的学术背景

过去三十多年来，西方考古学之所以出现上述对景观考古学的讨论，是由以下学术背景所决定的。

1）自 1980 年代以来，由于全球环境保护主义运动的影响，文化人类学界开始了对环境和人的互动关系的讨论，强调环境是由人来创造的，有意义的，并且是有争议的。其中影响最大的是文化人类学家巴索（Keith Basso）1996 年出版的专著《地上的智慧》（*Wisdom Sits in Places: landscape and language among the Western Apache*）。巴索用丰富的人类学田野材料，生动地说明了 Western Apache 社群所认识的景观是与他们的记忆、历史、认同甚至是伦理观密切相连的[110]；

2）文化地理学、生态学、历史学和其他社会科学也都关注人地关系，这也促进了景观考古学的产生。其中文化地理学界关于文化景观（cultural landscape）的研究，几乎与景观考古学关心的内容一致。很多景观考古学研究个案都吸收了地理学界的相关成果。

3）后过程主义考古学与过程主义考古学在互相批评中，渐渐互相取长补短，也促进了景观考古学的产生。

4）聚落考古学的进一步发展，也促进了景观考古学的出现。有些欧美学者认为，景观考古学在学术传统上直接承袭聚落考古学，因为聚落考古定义的核心就是要研究人类如何在所居住的景观中展现自己的。正是因为如此，在近期的聚落考古调查中，有不少学者有意地记录有关景观的信息，把聚落考古的探讨和景观考古有机地结合在了一起。

目前西方景观考古学的研究方兴未艾。相比之下，当前中国考古学所关心的主要课题仍然是传统环境考古学的问题，真正意义上的景观考古学研究，在中国还尚待开展。从研究的对象来看，历史时期的遗迹更适合景观考古的研究范围。文献材料可以帮助学者了解当时人对周围景观的认识。而以中国历史时期的考古学材料之丰富，景观考古是可以大有作为的。

陆　人群移动概念与中国考古学

一、引言：欧美考古学中人群移动概念的变迁

在 1960 年代过程考古学思潮兴起以前，人群迁徙（population migration）与文化传播（cultural diffusion）曾是欧美考古学界解释文化变迁的两个主要理论概念。一种新文化或文化因素的出现，往往被归因为新的人群的侵入或文化传播的结果。在实际应用中，迁徙和传播往往是共同使用的。不同区域之间的文化相似性，或者一种更先进的技术在不同地区的出现，一般都归结为先进地区向落后地区传播的结果，而这种传播经常和人群的迁徙密切联系在一起。由于缺少系统的理论论证和可靠的方法论，这些解释往往带有很多推测成分。因此，在过程考古学兴起以后，简单地以人群迁徙与文化传播来解释文化变异的做法便受到了过程主义考古学者的强烈批判，而这两个概念被作为传统考古学的老古董而被抛弃了。过程考古学家讥讽用人群迁徙来解释文化的变化是"懒汉解释"（a lazy person's explanation），只有不懂或不愿去用更有效的理论和方法的人才去用它。这些"新考古学家"们注重的

是文化变化的环境因素和内在动力，用更多的精力去寻找文化本身的变化原因，一些新的术语如"适应"（adaptation）成了解释文化变化的时髦名词。

但是，迁徙是人类固有的行为之一。人们因为各种原因和动机，总要向自己故乡以外的地方移动。这种迁徙和移动既有个人的行为，也有群体的行动，规模不等。有文字记载的历史表明，大规模和长距离的人群移动曾多次发生，并对人类历史进程产生了重大影响。所以，自 1980 年代中期以来，随着过程考古学的理论取向被不断地挑战，人群迁徙作为考古学的解释概念之一，又再次成为欧美考古学界进行讨论的理论热点。最早公开讨论这一问题的，是一批从事美国考古的学者。1990 年，美国考古学家 安东尼（David Anthony）在《美国人类学家》（*American Anthropologist*）杂志上著文惊呼，虽然"人群迁徙"作为一个解释概念曾导致了不少问题，但是考古学界完全抛弃这一概念，等于是把婴儿和洗澡水一起倒掉了[111]。自此以后，一批学者开始重新检讨北美地区的考古学材料，发现在很多情况下，人群迁徙仍是解释某一地区文化变化的唯一的有效概念。譬如，思诺（Dean Snow）在 1995 年发表了一篇文章，认为公元 900 年以后在北美五大湖地区出现的新的考古学文化，根本不是本地文化发展的结果，而是由从南部迁徙来的易洛魁人（Iroquoian）带来的移民文化[112]。其他一些考古学者也在美国西南部的考古学材料中发现了类似的移民现象[113]。1997 年，查普曼和哈莫鲁（John Chapman & Helena Hamerow）将一批讨论和应用人群迁徙概念来解释考古学现象的文章结集成一部专著，书名就是《考古阐释中的迁徙与侵入》[114]。所以，至 1990 年代后期，虽然过程主义考古学的研究和解释模式仍然在美国考古学界盛行，但"人群迁徙"又再次被请回了考古学的解释系统中。

美国考古学界的这些新动向，很快就得到了欧洲考古学界的呼应。2000年，德国考古学家波门斯坦（Stefan Burmeister）从方法论的高度系统阐述了人群迁徙在考古学文化中的表现[115]。他提出新移民的文化可分成"外部领域"（external domain）和"内部领域"（internal domain）两大类，外部领域是移民在新的环境中与原住民和自然交互作用地带，很容易变化或与原住民文化趋同，因此在考古材料中不能很好地表现为外来文化。而内部领域的文化则相对保守，在考古学的物质文化中更能反映其发源文化的特征，从而可以反映迁徙现象。波门斯坦的这一观点受到了大多数考古学家的欢迎，但如何从考古学中定义和区分内部领域和外部领域的文化，则是仁者见仁，智者见智。譬如，波门斯坦认为，埋葬习俗对于研究移民现象基本上没有什么价值，但相当部分学者则持相反的观点。

英国考古学家申南（Stephen Shennan）在2000年也发表了他在伦敦大学学院（University College London）的就职演讲稿，呼吁考古学家应该回归到三四十年前被过程考古学派抛弃的许多议题上，在解释考古学文化的变迁时，应特别注意人口的浮动（population fluctuation）所造成的影响[116]。申南认为，人口的数量、结构和人群的移动往往会对文化的传递（cultural transmission）造成重大影响，因此在解释考古学文化的时空变化时，应该特别关注这些因素。虽然申南关注的是人口的总体变动，但人群迁徙是人口浮动的一个重要内容。他以环阿尔卑斯山地区的新石器时代的考古学材料为例，有力地论述了人口的变化在文化和社会变化中的重要作用。

人群的迁徙和扩张近年来也被视作农业传播的重要因素。以美国哈佛大学教授巴尔－约瑟夫（Ofer Bar-Yosef）、英国剑桥大学教授伦福儒（Colin Renfrew）和澳大利亚国立大学的贝尔伍德（Peter Bellwood）为首的一批学者，综合考古、语言和遗传学的研究成果，近年来发表了系列文章，认为史前农业在全球范围内的传播，在很大程度上是早期的农人从农业的发源地向外扩张的结果[117]。

这种从大区域的角度来探讨人口迁徙、语系分布与农业扩张的理论，也直接关系中国考古学的材料。长江流域，尤其是长江中游地区，是目前世界上绝大多数学者所公认的稻作农业的发源地。因此，稻作农业的传播和相关语系的分布关系，自然受到国际学术界的关注。相当部分学者已经指出，稻作农业从长江流域向外的扩散是造成目前南岛语系（Austronesian）和南亚语系（Austroasiatic）分布的主要原因。其中，人口的扩张被认为是主要因素。

南亚语系（Austroasiatic）主要分布在东南亚半岛地区，西到印度的东部，东到越南，北至中国云南，南到马来半岛。但是，这一语系的分布区域是不连贯的。新西兰 Otago 大学的哈艾姆（Charles Higham）教授根据历史语言学对该语系中关于水稻的同源词的研究，提出说南亚语系的族群的最早起源地是长江中游地区，约在距今 4 500—4 000 年左右经云南进入东南亚，并最早将稻作农业带到了这一地区[118]。

南岛语系分布地区东到太平洋东部的复活节岛，西到印度洋的马达加斯加，北到夏威夷，南到新西兰，是目前世界上唯一的主要分布在岛屿上的一个大语系。台湾岛原住民的语言被认为是该语系中最古老的分支，因此研究南岛语系的语言学家一般公认台湾岛是该语系的发源地之一。这一语言最初也应分布于大陆东南沿海地带，但因为后期人口的南迁，已经替代和同化了原有的语言。

最早将南岛语系的分布与稻作农业联系在一起研究的学者中当首推贝尔伍德。他认为稻作农业由长江流域向东南沿海的传播，造成了东南沿海地区人口的膨胀，并最终促使原南岛语族在距今6 000年左右从大陆向太平洋岛屿的迁徙[119]。夏威夷大学的语言学家布拉斯特（Robert Blust）也提出了类似的观点。布拉斯特认为，南岛语系与南亚语系是密切相连的，二者共同构成 Austric 大语系。Austric 的发源地就在长江流域中游[120]。

二、人群移动与长江下游新石器时代晚期文化的变迁

欧美考古学界的上述讨论是值得中国考古学界深思的。与欧美考古学界不同的是，中国考古学界从未彻底放弃用迁徙和传播概念来解释史前文化的很多现象。但是，和欧美考古学早期阶段类似，中国学者对这些概念的使用是模糊的，缺少系统和明确的论述。如何辨认和解释考古材料中的移民现象，实际上是一个相当复杂的问题。

应该指出的是，近三十年来欧美考古学界对人群迁徙在文化变

迁中的作用的再讨论，绝不是简单地对一个老概念的回归。几乎所有的学者都同意，辨别考古文化中的移民现象是非常困难的，研究必须建立在一系列条件之上，即必须对单个遗址的地层形成过程、年代和文化因素的构成进行全方位的、高精度的研究，同时该区域和周围地区的文化序列必须相当清晰。这就对考古学研究提出了更高的要求。中国考古学如欲在这一问题上取得突破，应该慎重研究现有材料的有效性，并积极设计新的研究方案。在理论层面上，我认为下面几点可以考虑：

1）一个移民遗址或文化，其文化特征诸如遗物类型、聚落形态和埋葬习俗应该与该地区同时代的遗址或文化有较大的差异；

2）与该地区前一个时期的文化相比，一个移民遗址或文化与其应该没有任何渊源关系；

3）我们应该能够在其他地区找到该移民文化的母文化。但应该注意的是，由于创始效应（founder's effect）的影响，母文化与其分支文化不可能百分之百相同，但在总体上其渊源关系应该是明显的；

4）在考古年代上，移民文化应该总是比其发源的母文化要晚；

5）如果一个移民文化在一个较大的范围内取代了原来的文化，那么其必有相当强的优势，这些优势可能是生产方式、军事技术、社会结构或意识形态，并应该在考古学材料中有不同程度的反映。

以这一理论基础为参照来检讨中国史前考古学的材料，我认为移民现象作为一个解释概念，可以用来阐释中国史前时期的某些重大的文化变迁。本节便是这方面的尝试之一，试图以最近的考古发现为基础，探讨人口迁徙与长江下游新石器时代晚期文化的变迁的关系。

长江下游新石器时代晚期所发生的重大社会变化以良渚文化的衰亡最显著。学者对这一变化的原因已进行了多方面的探讨，但强调的因素不外乎以下几个方面：天灾（洪水或海侵）、内乱、过度迷信宗教。从广义的角度讲，这些因素都是发生在该地区的内在现象，都可以视为内因。直到最近几年，学术界并未认真讨论外来人口和文化的侵入对良渚文化的衰亡所造成的影响。在良渚文化之后兴起的马桥文化虽然被认为是外来文化，但由于学术界多认为马桥文化是从偏远的闽西北浙西南发展而来，其文化面貌与良渚文化差别太大，二者无论在年代上还是在文化上，都存在断层。

1999—2000 年，上海博物馆考古部对位于上海市松江区的广富林遗址进行了两次较大规模的发掘，并随后提出了所谓"广富林遗存"的命名问题，指出这是一个晚于良渚文化、源于北方的王油坊类型龙山文化的新移民文化。广富林遗址发掘的主持者宋建先生据此认为，"广富林遗存"的文化侵入和来自南方的以几何印纹陶为特征的文化一起加速了已经处在衰败最后阶段的良渚文化的灭亡[121]。这一观察已得到了越来越多新材料的支持。根据这些新的考古发现，我认为，"广富林遗存"在环太湖地区的出现，不仅仅是单纯的文化渗透，而是较大规模的人口从北方侵入的结果，即：在良渚文化的末期，长江三角洲一带曾有大量人口从北方侵入，这些新人群所带来的新文化取代了良渚文化，造成了新石器时代晚期长江三角洲社会和文化的重大震荡和变迁。

上海博物馆考古部 1999—2000 年对广富林遗址进行的两次发掘集中在 I 和 II 区。根据发掘简报，II 区是良渚文化的墓地，而

Ⅰ区则以良渚文化和广富林遗存为主。发掘者在Ⅰ区的地层堆积中，观察到广富林遗存的地层叠压在良渚文化地层之上，前者的地层为4—6层，厚达80余厘米；后者为7—8层，厚达50余厘米。不过，根据简报对广富林遗存中灰坑和遗物的描述，我认为7—8层也是"广富林遗存"地层。简报所报道的三个典型的广富林遗存的灰坑，H43叠压于第7层下，H53和H55压于第8层下。简报所描述的典型的广富林遗存的陶器如鼎、罐、瓮、豆等，绝大多数都是出自第7或8层的标本。因此，广富林遗址Ⅰ区发掘范围内的地层应该都是"广富林遗存"的堆积物，其下部打破或扰乱了原良渚文化的堆积物。如此，"广富林遗存"的堆积厚达1米多，并包含较丰富的遗迹和遗物，反映其居民在此曾居住了相当长的时间[122]。

　　"广富林遗存"的物质文化与良渚文化最明显的差别是陶器群的不同。"广富林遗存"的陶器如鼎、罐、瓮、豆、单把杯等，无论在形态还是在装饰风格上，都与良渚文化的陶器完全不同。相当部分器物则根本不见于良渚文化。我完全同意宋建先生的观点，即"广富林遗存"在环太湖地区找不到渊源，是一种外来的移民文化，而其发源地是分布于鲁豫皖之间的龙山文化的王油坊类型[123]。

　　其实，早在"广富林遗存"被辨认出以前，龙山文化王油坊类型向长江流域的扩张和移民就已经被提了出来。相当一部分学者根据江淮一带的发掘材料，提出龙山文化的王油坊类型已经到了长江北岸。其中以位于江苏兴化戴家舍的南荡遗址最具代表性，其陶器群的特征几乎与分布于鲁豫皖之间的王油坊类型完全一致，移民文化特点非常明显[124]。这一移民文化在江淮之间有较大范围的分布，表明其人口数量已有相当规模。在越过长江并到达太湖地区以后，他们便和良渚文化发生了直接碰撞。其结果正如广富林遗址所表现的那样，他们最终征服并取代了良渚文化，将自己的文化顽强地移植于原良渚文化的分布区内。

良渚文化的衰亡是长江下游新石器时代晚期所发生的重大社会变化，其原因可能是多方面的，不过，北方人口的南下所带来的冲突和压力应该是最主要的因素之一。"广富林遗存"发现于良渚文化遗存之上的事实表明，这些外来的北方文化具有顽强的生存能力，他们在原来良渚文化的中心地带立地生根并发展出了自己的殖民文化。

三、人群移动与跨湖桥文化的渊源

分布于杭州湾西南部地区的跨湖桥文化的源头问题，为我们探讨人群的移动提供了另一个很特别的个案。位于浙江省萧山市（现为杭州市萧山区）的跨湖桥遗址，从1990年第一次被发掘时，就给浙江省的考古学者出了一个难题[125]。遗址所出土的陶器群完全不同于浙江地区已知的任何史前陶器群，而碳十四测定的年代则早至距今8 200—7 000多年。这一年代范围早于该地区已知的河姆渡文化。浙江省的考古学者对如何认识跨湖桥遗存产生了较大的分歧[126]。2001和2002年，浙江省文物考古研究所对跨湖桥遗址进行了两次发掘，揭露面积750余平方米，发现了一批重要的遗迹和遗物，对遗址的环境、形成和废弃过程、年代和当时人的经济形态等进行了多学科综合研究。2003 年底，浙江省文物考古研究所对跨湖桥遗址北约 2 公里处的下孙遗址进行了发掘，发现了与跨湖桥遗址相似的遗物[127]。2005 年，浙江省文物考古研究和嵊州市文物管理处联合对位于曹娥江流域的小黄山遗址进行了大规模的抢救性发掘，发现了丰富的与跨湖桥遗址相似的遗物，并出土了相当数量的在跨湖桥遗址所不见的遗物和遗迹[128]。2004 年，根据跨湖桥和上山的考古材料，跨湖桥遗址发掘报告主编蒋乐平先生提出了"跨湖桥文化"的命名，认为这是一个"存在于距今 8 000—7 000 年、以湘湖及其周围地区为重要分布区、面向海洋、最后为海洋所颠覆的考古学文化"。小黄山遗址的发现表明，跨湖桥文化的分布要远远大于这一区域，至少曹娥江流域的一部分也是这一文化的分布区。

"跨湖桥文化"的发现和提出，无疑是东南沿海地区新石器时代考古的重大突破。同时，如何解释这一文化在浙江地区和整个东南沿海地带的位置，尤其是其来源，也成了学术界无法回避的问题。随着早于跨湖桥文化的上山文化在相邻地区的发现，有些学者认为跨湖桥文化就是本地起源的。我曾根据对长江中、下游地区已知的考古学文化的比较，提出跨湖桥文化的主体很可能是一个外来移民文化，其最终的发源地可能是长江中游地区的皂市下层文化。在仔细比较了跨湖桥文化和上山文化的内涵以后，我认为跨湖桥文化在发展过程中虽然吸收了上山文化的部分因素，但其主体源头仍然是外来的，即其最终的发源地仍然可能是皂市下层文化。

（一）跨湖桥遗址与文化的分析

跨湖桥文化的内涵主要表现在其独特的陶器群、石器群，骨、角、木器和建筑方式等方面。这些独特的物质文化因素表明跨湖桥文化是一个独立的考古学文化，有别于长江流域、钱塘江流域和宁绍平原地区任何已知的考古学文化。依据跨湖桥遗址的报告和本人的现场观察，其最具代表性的陶器和石器特征可归纳如下：

1. 陶器

陶器是跨湖桥遗址出土最丰富的一类遗物。在第二、三次发掘的 750 平方米内，出土了数万件陶片，并复原 200 多件陶容器。根据报告发表的对 36 085 件陶片的统计，夹炭陶占 58.1%，夹砂陶占 41.7%，夹蚌陶占 0.14%。不过，正如报告中所指出的，跨湖桥的陶器往往掺有一种以上的掺和料。几乎所有的夹砂陶和夹蚌陶都含有不同比例的炭素。邓泽群等对跨湖桥的部分夹炭陶片进行了烧失量实验，其结果表明最高的烧失量达 14.7%，最低的也有 6.9%，可见其夹杂的有机物和炭的含量是较高的。邓泽群等根据 SiO_2 和 Al_2O_3 百分比含量的比较，认为跨湖桥的陶器是本地烧造的，其陶土原料可能就是所谓的"湖 V 层"土。根据显微结构，邓泽群等同时还认为，陶器中所夹杂的炭是经过燃烧的植物的茎叶，但所谓夹砂陶中的砂粒，则是陶土中本身包含的石英矿物，不是外加的掺和料[129]。

根据发掘报告的描述，所谓的"湖 V 层"土是压在生土之上的湖相沉积，厚达 2 米多，纯净但含有机质。由于邓泽群等没有提供关于这层黏土的显微结构材料，我们并不清楚其矿物成分的比例。所以目前的材料尚不足以排除陶片中所含的砂粒为人为掺和料的可能性。由于目前还没有对这些夹砂陶中的"砂"进行系统的成分分析，我们尚不能排除有些可能不是石英，而是其他类的矿物或岩石的可能性。

另外，根据发表的化学成分表，相当部分陶片的 SiO_2 和 Al_2O_3 百分比含量与湖 V 层土差别相当大（如标本 6，13，26 等），所以跨湖桥遗址的陶器是否都是本地烧造的，仍有讨论的余地。由于跨湖桥遗址曾被海洋淹没，而陶器的化学成分在海洋环境下是会发生变化的[130]。所以，有关跨湖桥陶器的产地仍是一个需要进一步研究的问题。

跨湖桥陶器的器物类型较为丰富。依据器物底部的形状，可将这些陶容器分为圜底器、圈足器和平底器三大类。其中圜底器占79%、圈足器占 18%，平底器占 3%。陶釜最多，占 52.6%，其次是陶圈足盘和豆，占 19.95%，罐再次之，占 16.9%，钵占 4.75%。这五种器物几乎占跨湖桥陶器总数的 95%，当为跨湖桥文化的代表性陶器。

根据形态特征的不同，这五种器物又各自可以分成数量不等的型与式，而每种器物又具有不同的装饰风格。报告作者将陶釜分成A—H 共 8 型仍不能穷其形态之变化，在此之外，又列出了 39 件"其他型"。其实，这些陶釜的共性是非常强的，即绝大部分都是夹砂、圜底、装饰绳纹、弧腹或折腹。其中，A 型和 E 型釜最具代表性。陶釜是跨湖桥居民的主要炊器。

占总数 19.95% 的陶圈足盘和豆是跨湖桥文化最具代表性的陶

器之一。豆实际上是广义的圈足盘中的一类，均为当时人的主要饮食器。这类器物均为泥质夹炭陶，陶色不纯，往往黑红兼具。盘部的特征变化较多，或敞口或敛口，或折腹或斜腹，但圈足部分却有很多共同特征，其中在镂孔周围或刻划或彩绘放射状纹饰，成为这些圈足盘和豆最显著的特征之一。

总数占第三位的罐实际上是可以分成两大类的，一类有两个环耳，另一类则安置对称鸡冠形双鋬手。报告作者将这两类陶罐合在一起，共分成 A—I 共 9 型。和陶釜一样，仍有数件陶罐不能归入这一分类系统而另称"其他型"。可以说，双环耳罐是跨湖桥文化最具代表性的另一类陶器。这类器物的共同特征是：绝大部分为泥质夹炭黑陶，个别夹蚌；器表施红衣或黑衣；红衣和彩绘普遍只饰于肩部以上部分；弦纹和刻划纹只饰于颈部。其中，A 型和 G 型最具代表性。

用陶片制作纺轮是跨湖桥文化的另一大特色。已发现的 103 件陶纺轮均用陶片制成，形状多不规则，只对边缘稍做打磨。70% 以上有钻孔。另外还有一种所谓陶"线轮"，周缘有凹槽，部分标本的凹槽内仍有"线"保存了下来。

2. 石器

跨湖桥遗址第二、三次发掘共发现 135 件石器，除 1 件残石璜外，其余均为工具。其中石锛 28 件，占 19.6%，是数量最多的一类石器。残石器中的相当部分可能也是石锛，所以石锛所占的比例可能要高得多。长条形的石锤 23 件，占总数的 16.1%。这类石锤两端或一端有砸击或研磨痕迹，表明有些可能也是研磨工具。其他器类包括斧、凿、镞、磨石等。

绝大多数石锛的器身平面呈长方形，少数为梯形；剖面则绝大多数呈梯形，少量为半圆形。几乎所有石锛都经过不同程度的打磨，但通体磨光者甚少，绝大多数器物都留有或多或少的坯体疤痕。不过，刃部都经过仔细打磨。这些石锛无论在形态还是在加工技术上，都与河姆渡文化表现出较大的差异。

（二）跨湖桥文化的形成与渊源

综上所述，跨湖桥文化的陶器群与石器群与长江下游和浙江地区已知的所有新石器时代文化都有着明显的区别。在年代上，跨湖桥文化（约距今 8 200—7 000 年）介于上山文化（约距今 11 000—9 000 年）和河姆渡文化之间（距今 7 000—5 000 年）。如何理解这三个文化的关系，是认识东南沿海地区甚至长江中下游地区新石器时代文化的关键问题之一。

小黄山遗址的发掘，表明跨湖桥文化是叠压在上山文化之上的。发掘主持人王海明先生据此认为，小黄山遗址相当于跨湖桥文化和上山文化的三个阶段的遗存"系同一文化的不同发展阶段"，"早晚传承演变轨迹清楚"[131]。正如王氏所说，小黄山遗址的发现"'盘活'了浙江省早期新石器时代遗址分布的格局"，其重要性自不待言。但是，我认为，跨湖桥文化的形成过程和文化渊源是相当复杂的，小黄山遗址的发现表明上山文化可能对跨湖桥文化的形成发生过某些影响，但并不能解释跨湖桥文化主要文化因素的来源。换句话说，跨湖桥文化的许多因素在本地是找不到来源的。

有意思的是，如果我们将比较的范围扩大到长江中游，就会发现跨湖桥文化的许多特征并不是空穴来风，而是与长江中游洞庭湖地区同时代的文化有许多惊人的相似之处。如何解释这些跨地域的相似性，是一个需要认真探讨的问题。

长江中游洞庭湖地区与跨湖桥文化时代相近的文化是皂市下层文化，其年代范围也是距今 8 000—7 000 年间[132]。在跨湖桥遗址首次于 1990 年被发掘以后，其文化遗存与皂市下层文化的相似性就被认识到了。第一次发掘报告的执笔者方向明、芮国耀先生就敏锐地指出，跨湖桥遗存与湖南省石门皂市下层和临澧县的胡家屋场三、四组在年代上相近，在文化面貌上有一定的相似性，包括都用贴塑法制陶，夹砂陶中含炭，主要器类为釜、罐、圈足盘，圈足盘的足部多饰镂孔和彩绘，罐多有双耳等。他们对这些相似性的解释是这一时期的长江中下游地区的考古学文化有一定的联系[133]。至于这种联系的性质是什么，则没有进一步论述。蒋乐平在跨湖桥的报告结语部分，进一步讨论了这些相似性，并罗列出了一些相似的器类，如陶钵、罐和线轮等。蒋氏认为，这可能是一种文化传播现象。他同时也指出了跨湖桥与皂市下层文化的差别，认为二者从陶器的制作水平、装饰形态，到石器的加工技术和种类方面都存在明显的区别。

皂市下层文化是以湖南省石门市皂市遗址下层来命名的考古学文化。自 1977 年在皂市遗址的第一次发掘中首次辨认出其下层遗存的独特性以来，至今已在数十处遗址中发现了类似的遗存，其分布范围已经遍及整个洞庭湖地区，并延伸到了长江以北地区，代表的是一个独特的新石器时代文化[134]。尽管学术界目前对其文化内涵和分布范围尚有不同的理解，但一致承认的是皂市下层文化代表的是长江中游地区新石器时代文化的第一个繁荣期[135]。遗址的数量明显增加，文化内涵更加丰富，不同聚落在明显的共性之外，也表现出了各自的特点。这不仅表明皂市下层文化的人口数量与前一个时期相比有了显著的增长，更为重要的是不同社群之间的联系明显增强。

皂市下层文化与跨湖桥文化最大的相似之处是其陶器群。已发表的材料表明，皂市下层文化的陶器绝大多数都夹炭，相当部分陶器既夹砂又夹炭。除极少数的粗泥红陶和黑陶外，陶器外表均施一层红衣，但陶胎大多呈黑色或灰色。陶器是用泥片贴塑法制成的。这些制作技术都与跨湖桥文化的陶器非常相似。

在器型组合上，皂市下层文化也以圜底釜（罐）、圈足盘、双耳罐和钵为主。以胡家屋场遗址南区的陶器为例，釜（罐）占陶器总数的 59.41%，圈足盘占 15.23%，双耳罐占 7.66%，钵占 9.37%[136]。这一点与跨湖桥文化的陶器组合也是一致的。

在装饰风格上，皂市下层文化与跨湖桥文化的陶器也表现出惊人的相似之处。绳纹、刻划纹和镂孔是主要的装饰手法，绳纹主要施于夹砂的釜（罐）类器，而刻划纹和镂孔则主要用来装饰圈足盘的足部。

更为重要的是，皂市下层文化与跨湖桥文化的陶器在很多器形上也是相似的。除上述蒋氏所指出的钵、罐和线轮外，圈足盘和双耳罐类器物中，也有很多相同或相似的器型，如胡家屋场的高领双耳罐（13：183 页，图一一：1—5），与跨湖桥遗址的 Cb 型陶罐非常相像；坟山堡的 AI 式和 AIII 式圈足盘（14：29 页，图十四：1，3）与跨湖桥的 A 型圈足盘除了镂孔周围的装饰外，器型基本一致[137]。

皂市下层文化与跨湖桥文化的相异之处也是非常明显的。这一点在石器群的组合上，尤其明显。皂市下层文化中普遍存在的细石器和打制石器，不见于跨湖桥文化之中；而跨湖桥文化以石锛为主并含大量长条形磨光石锤的特征，与皂市下层文化差别很大。在陶器的器物形态上，二者之间相异的器型明显多于相似的器型。而且，有相当部分器型为对方所不见。譬如，皂市下层文化最具代表性的双耳亚腰罐和足部装饰多条透穿镂孔的圈足盘，根本不见于跨湖桥文化。跨湖桥文化的陶釜、器盖和陶支座等，均与皂市下层文化的同类器差别很大。这些差异表明，皂市下层文化与跨湖桥文化是两个独立的考古学文化。

（三）人群迁徙与跨湖桥文化的出现

上述对比是对考古学材料所反映的客观情况的描述。问题在于如何解释这些相似性和差异性。泛泛地用"文化交流"或"文化传播"来解释，往往会使我们忽视一些重大的历史现象。全面分析跨湖桥文化与皂市下层文化的相同之处和相异之处，我认为，至少在理论层面上，可以将跨湖桥文化的形成解释为皂市下层文化的一支向长江下游和浙江沿海地带迁徙的结果。

如上所述，移民文化与其发源的母文化表现出很多共性，但绝不是母文化的翻版。移民文化总表现出很多新的特点，这一方面是在迁徙和殖民过程中适应新环境所形成的，另一方面也是对母文化有选择继承的结果，是所谓的"创始效应"的必然结果。但有一点是明确的，即移民文化总是与其移民地区的原有的土著文化表现出较大的差异，并在该地区找不到源头。

以此来思考跨湖桥文化与皂市下层文化的相似和相异性，我认为将前者解释为后者的移民文化是完全可行的。二者在陶器的制造技术、装饰风格和器类组合上所表现出来的相似和相同之处，很难用单纯的文化交流或传播来解释。相反，如果将跨湖桥文化理解为皂市下层文化的移民文化，则很容易解释这些相似和相同之处。跨湖桥文化发源于皂市下层文化，自然承袭母文化的很多特点，并在新的环境中尽可能地保留母文化的特征。二者的不同之处正说明跨湖桥文化的人群在远离故乡的新环境中，创造出了独具特点的文化，这既是生存发展的需要，同时也不排除会接受当地原有土著文化即上山文化的某些影响。

皂市下层文化发源于彭头山文化（距今 9 000—8 000 年），这已是考古学界公认的事实。但在分布范围上，皂市下层文化远远大于彭头山文化，表现出很强的扩张性。皂市下层文化的先民生活在河湖密布的长江中游，当早已善习舟楫之术，水上交流与迁徙当已不是陌生的事情。其中的某一个或数个社群沿长江而下，到达长江三角洲和浙江沿海地区，是完全可能发生的事情。一个有意思的现象是，跨湖桥文化的先民也临水而居、善使舟楫。跨湖桥遗址还发现了一个完整的独木舟和船桨。所以，将跨湖桥文化解释为皂市下层文化的移民文化，不仅合乎皂市下层文化扩张的逻辑，而且也是当时的交通技术所允许的。

其实，长江中游洞庭湖地区新石器时代文化向周围地区传播的现象早就被认识了。早期的讨论多集中在白陶的传播上，认为洞庭湖地区是白陶的发源地和传播中心[138]。尹检顺先生近来在总结考古材料的基础上，提出洞庭湖地区的皂市下层文化和其后的汤家岗文化曾沿四条路线向外传播，其中一条便是沿长江干流东下，传播到浙江[139]。但是，论者均没有讨论这种传播是纯粹的文化因素的传播，还是人群移动的结果。

如上所述，自 1980 年代以来，国外的学者也认识到了长江中游早期新石器时代文化的重要性，并明确提出了一定人口从长江中游向外扩散的问题。考古学家诸如贝尔伍德和哈艾牟（Charles Higham），认为长江中游新石器时代早期从事稻作农业的人群，曾向东和向南两个方向扩散。向东扩散的一支的后代，后来最终成为原南岛语族（Austronesian speakers）的祖先；而向南扩散的人群，则给东南亚地区带去了稻作农业，其后代最终成为南亚语族（Austro-Asiatic speakers）的祖先。历史语言学家布拉斯特则从语言学的角度，完全支持贝尔伍德和哈艾牟的上述理论。如果说这一理论最初提出时是建立在对东南亚和太平洋地区大范围文化和语言研究的基础上的，因而难免带有很多的推论性，那么，跨湖桥文化的发现，则以具体的考古材料证明了这一理论的正确性。因此，跨湖桥文化发现的意义是远远超出中国考古学的。

柒　性别考古与中国考古学的实践

一、引　言

　　性别考古是自 1980 年代以来，在欧美考古学界越来越受重视的一个概念，也是一个相当活跃的研究领域。这一概念的产生当然与欧美特殊的社会背景密切相关，主要是受整个社会的女权主义运动和人文社会科学对性别问题的重视的影响。但是，除了女权问题之外，近年来性别考古所讨论的主题实际上已经是考古学研究中常见的问题，已经融入考古学的主流研究之中。中国考古学界自1950 年代以来，也一直在探讨与性别有关的问题。虽然中国学者对这类问题的关注是在马克思主义的框架下进行的，主要目的是寻找考古的证据来解释经典著作中关于母系社会和父系社会的发展轨迹。但是，随着中国考古学研究的深入，当代中国考古学者所研究的性别问题也已经相当广泛。在过去的十余年中，欧美考古学探讨的性别考古问题也开始引起中国学者的关注，因此，追溯这一概念和研究课题在欧美考古学中的产生和变化过程，可以为如何在中国考古学的材料中探索类似问题提供必要的借鉴。

二、欧美考古学的性别研究

欧美性别考古学在 1980 年代的出现，既是受到了考古学界兴起的后过程主义思潮的影响，也是欧美社会运动和整个人文学科中女性主义思潮的一个组成部分。尽管参与的学者在初期以女性考古学家为主，但随着探讨问题的深入，参与的学者中有越来越多的男性考古学家。根据探讨问题的类别和参与学者的构成，我们可以把欧美性别考古的发展历程简单地分成两个阶段。

（一）第一阶段：1980 中期至 1990 年代早期

最早在北美发起和推动性别考古或女性主义考古（feminist archaeology）的学者基本上都是女性考古学家，这一现象本身就说明女性学者是这一运动的主要推手。最早的一篇探讨性别考古学的文章发表于 1984 年，是由孔悌和斯本科特（Margaret Conkey & Janet Spector）合作写成的，题目就是"考古学与性别研究"（Archaeology and the study of gender），发表在美国很有影响的杂志《考古学理论与方法前沿》（*Advances in Archaeological Method and Theory*）第 7 卷[140]。这是一篇综述性的文章，主要目的是呼吁考古学界应该把性别作为一个可研究的主题来对待，并希望业界关注考古学界存在的男女待遇不平等的现象。

但是，在文章发表后的数年内，响应者非常少。为了促进这一问题的研究，1988 年，孔悌和盖罗（Margaret Conkey & Joan Gero）这两位女性考古学家又召集了一个专门的研讨会并随后于 1991 年出版了会议论文集《性别中的考古学：女性与史前史》（*Engendering Archaeology: women and Prehistory*）[141]。这本论文集的出版，标志着性别考古学在美国考古学界已经成为一个不容忽视的研究领域。

这一时期的文章基本上以批判性别歧视为主，并开始涉及考古学研究中的一些性别偏见。有些批评相当尖锐，也触及了美国很多大学存在的性别不公平问题。所以，这些批评立即得到了绝大多数女性考古学家的热烈欢迎。综合这一时期的研究文章，北美地区推动性别考古的学者在以下三个问题上可以说是团结一致的：

1）批评职场中对女性考古学家的不公平待遇。很多学者的调查表明，在美国考古学界，存在忽视和歧视女性考古学家的倾向，表现在女性考古学家很难找到工作、有工作者则很难得到提升、在工资待遇上明显低于男性考古学家等方面。很多学者指出，这是对女性考古学家明显的歧视，是一种男性中心主义或大男子主义（androcentrism）的表现。她们要求改变现状，为女性考古学家争取权利。与此相关的就是学界和大众对男女考古学家的不同观念，盖罗称其为"居家女人观念"（women-at-home ideology），即男性考古学家在外做田野，女性考古学家在室内做整理和分析。野外的生猛工作是男性的战场，而博物馆和实验室才是女性的天地。就连《国家地理》杂志在发表考古的照片时，也只把女性当作看客。这是对女性考古学家的片面理解和歧视。

2）批判考古学解释模式中存在的重男轻女现象。这些学者发现，正是因为男性主宰考古学界，在现有的考古学解释模式中，存在着明显的生理决定论的倾向，妇女的地位被忽视或人为降低。她们指出，在美国考古学和人类学界很有影响的一本书《男猎人》（*Man the Hunter*），就是最典型的歧视或忽视女性的例子，书名就带有性别歧视，好像古代妇女除了生育子女，其他的角色就都不存在了。实际情况是，在很多社会中，也存在着"女猎人"（women the hunter）。

3）抨击过程主义考古学对性别的忽视。过程主义考古学，尤其是宾福德（Lewis Binford）本人，认为性别或女性在考古学的解释理论中是无关紧要的，无法从科学的角度进行探讨。这一偏见受到了后过程主义的抨击，女性考古学家对此尤其反感。

很显然，性别考古学在北美的兴起，最初带有强烈的女权主义运动的色彩。这一运动对美国考古学界职场的影响十分深远。从此以后，美国各大学都有意识地聘请女性考古学家，并给她们和男性学者一样的待遇。不过，这一争取权利的运动是与认真反思考古学在解释材料时的忽视性别的问题联系在一起的。在这种思潮的影响下，很多学者开始重新检讨传统的解释模式，并设计了很多课题方案来研究古代的两性问题，尤其是女性问题。同时，美国各大基金会都开始资助性别考古研究。在一年一度的美国考古学年会（SAA）和人类学年会（AAA）中，性别考古学的讨论也成了常见的专题。不仅如此，还不定期地召开性别考古学大会，并出版论文集。很多大学也都给研究生开设了性别考古课程。

从更宏观的社会背景来看，性别考古学在这一时期兴起的原因，是与美国整个社会的变化密切相关的。其中下面两点最关键：

1）1970年代女权主义运动在美国兴起。这个运动的焦点就是为女性争取权利，要男女平等。这一运动让很多女性都在审视自己在本行业中所受到的不公平待遇。女性考古学家受到这一运动的激励，也积极为自己和女性同行谋求公正的待遇。1975年，美国人类学会设立了"妇女在人类学中的地位委员会"（Committee on the status of women in Anthropology），简称COSWA。1978年，美国考古学会也成立了相对应的组织，即"妇女在考古学中的地位委员会"（Committee on the Status of Women in Archaeology）。性别考古学的闯将孔悌就担任这两个委员会的主席。

2）女性主义研究成为人类学、社会学和哲学的新关注点，这种大的学术环境也促进了性别考古学的出现和发展。

需要指出的是，性别考古学家虽然和很多后过程主义考古学家一起批评过程主义考古学，但其讨论的主题和关注的重点和后过程主义考古学者还是有很大区别的。所以，不能简单地将性别考古简单地归为后过程主义考古阵营的一部分。

值得注意的是，这一时期的研究除了上述争取权利和地位之外，也有很多学者开始积极探索女性在史前社群和一些重要文明中心中的作用。如布伦姆菲尔（Brumfiel）在1991年就发表了一篇文章，探索在阿兹特克（Aztec）国家的墨西哥谷地，女性在生产纺织品产业中的作用[142]。孔悌除了在政治上批评美国考古学界对女性的歧视以外，也开始以史前艺术品为研究重点，尤其是旧石器时代晚期的女性雕塑品，批判当代学者简单地把它们解释为史前男性所创作的美术品或性玩偶的看法。有些学者也利用民族志的材料，探讨了性别与空间的关系、社会语境下的性别等课题。这类研究不仅弥补了学术研究上的空白，而且以具体的考古材料表明，性别研究可以揭示原来被学术界忽视或没有思考过的问题，同时也开启了下一个阶段性别考古学探索具体考古问题的篇章。

（二）第二阶段：1990年代中期至今

自1990年代中期以后，性别考古中的女权主义特色已经基本消失。性别研究作为一个重要的议题，受到越来越多的学者的关注，研究的问题涵盖了考古学的很多领域。更多的个案由只注重妇女研究，开始转向男女两性并重的研究。与前一个阶段相比，参与的学者也不再仅限于女性学者，越来越多的男性考古学家也参与到了性别考古研究之中。

在概念方面，这一时期的讨论也更深入。在对gender的定义问题上，部分学者提出这个概念和生理上的性别（sex）是有区别的，应该区别生理性别（biological sex）和社会性别（gender）。大多数考古学者都是利用人骨鉴定的性别作为出发点，但有些学者认为这种简单的做法忽视了性别在特定的社会环境和文化中的浮动性。这种变性或同性恋现象在历史时期的文献记载和当代社会中当然是存在的，但是考古学家要从过去的遗迹和遗物中辨别这种浮动的性别是极其困难的。所以，绝大多数研究仍然要依靠人骨鉴定的性别来进行研究。这一时期发表的较有影响的文章和专著，很多都是用性别来重新解释考古学的主流课题，如劳动分工、贸易和交换、手工业专门化、家庭经济、墓葬习俗、国家的形成过程，身体以及对身体的表现（bodies in archaeology）、性行为和个人社会认同等。在这种思潮的带动下，部分学者开始探索一些与性别相关的新研究领域，如对儿童的考古学研究（archaeology of children）、对母性的考古学研究（archaeology of mothering）等。另外一个重要的变化，就是区域性的性别考古研究开始出现，越来越多的论文集开始深入探讨一个地区或国家的考古材料，并试图分析两性问题在一定时空内的变化轨迹。中国考古学的材料就是在这个背景下，越来越受到西方学者的关注[143]。

三、中国考古学的性别研究

与欧美考古学相比，中国考古学界对性别问题的重视和研究显然要早得多，但其理论出发点和探讨的具体问题是不同的。自1950 年代以来，中国考古学为了阐述或证明恩格斯在《家庭、私有制和国家起源》中所描述的人类社会由母系社会向父系社会的转变，一直非常重视收集和解释新石器时代考古中相关的墓葬和聚落材料。尽管这类研究在今天看来不免有教条式的对号入座倾向，但一直到 1980 年代后期，中国学术界对分析母系和父系差别的热情一直是很高的。在这一点上，中国考古学界比欧美考古学界对性别问题的关注要早得多。

最早引起中国考古学界关注世系问题是从仰韶文化半坡遗

址的发掘开始的。从 1954 年开始的对西安半坡遗址的大规模发掘，让当时的中国考古学界非常兴奋地认为找到了一个母系氏族公社的居住地。后来发掘的姜寨遗址，也被归为同一类型的母系氏族社会聚落。墓葬材料同样也被用来证明母系或母权社会的存在。最著名的例子就是 1958—1959 年发掘的陕西省华县元君庙仰韶文化墓地。在发现的 57 座墓葬中，竟然有 28 座是多人混合葬。这种葬俗被当时的学术界普遍认为是证明母系氏族存在的重要证据。发掘报告的编写者张忠培就明确提出，元君庙的基层组织是"母权家族"，"社会性则属于母权制"。他还根据随葬品的数量和墓葬的大小，提出"妇女在当时的生产中已起着主导的作用"，"妇女的社会地位一般高于男子；女孩的社会地位高于男孩。母亲已有自觉确认亲生儿女的要求，并将某些财产传给自己的女儿，还凭借自己的权位，使爱女幼年即能获得成人的名誉和利益"[144]。不过，汪宁生则反对这种解释。他以大量民族学的材料为基础，指出元君庙的合葬墓既见于母系氏族社会，也存在于父系氏族社会，甚至存在于双系氏族社会中，所以不能简单地根据这些葬俗来判断世系形态[145]。严文明也对这一问题抱谨慎态度，认为这一时期的"血统可能以母系为主，特别是在农业发达的地区是如此，但不妨碍有些地方实行父系，这种父系制不一定以母系制为其必要前提"。严文明也不同意张忠培对当时男女地位差别的判断。根据对墓葬随葬品数量的统计，严文明认为仰韶文化这一时期的男女两性的随葬品数量大体是相等的，看不出何者特别优厚的情况[146]。

与此相对应，为了寻找父系氏族社会和男权兴起的证据，中国学术界对大汶口文化中出现的两个成年男女合葬墓现象进行了解释。这类男女合葬墓在大汶口文化的很多遗址中都存在，一般均采用男左女右的葬式。唐兰认为，这就是女子为男子的殉葬："大汶口的合葬墓里，随葬品的安放大都偏重男的一方，证明女性是在从属的地位"，"有些女人可能是在家长死后被殉葬的"。据此，唐兰认为大汶口文化已经出现了以父权为标志的家长制家庭，甚至可能已经有奴隶出现了[147]。不过，唐兰的这个观点并没有得到学术界的公认，很多学者虽然同意大汶口文化的这些合葬墓是夫妻合葬，但不能简单地被解释为妻妾殉葬丈夫[148]。有意思的是，大多数中国学者都认为大汶口文化的这种男女合葬墓是一夫一妻制的表现，是父系氏族社会或父权制社会的标志。类似的解释模式也被用来分析齐家文化中出现的男女双人合葬墓。在已经发现的齐家文化男女合葬墓中，男女的葬式有一个固定的模式，即男性仰身直肢，而女性则侧身屈肢，且一般面向男性，似呈依附状。大部分学者因此认为，齐家文化的男子在社会上居于统治地位，女子从属于男子，父权是齐家文化的特征之一[149]。

这些争论实际上已经揭示出考古学材料在研究世系方面的局限性。但是，中国考古学界的这些研究是在特定的理论框架下进行的，除了证明或说明母系父系或者母权父权等问题外，学术界对其他的性别问题基本没有兴趣。而实际上考古学的材料在探讨世系的变化方面，往往有很大的局限性。很多学者认识到了这些局限性，所以在 1980 年代以后，对这一问题的研究就越来越少了。所以，当性别考古在欧美考古学开始兴起的时候，中国考古学界反而对这个问题冷漠了。而在欧美教授或研究中国考古的学者，却在欧美性别考古学热潮的带动下，开始重新研究相关的问题，并开始影响国内的研究。不过，这些新的研究和原来国内探讨的问题是有很大差别的。

在美国从事中国考古研究的部分学者，从 1990 年代初期开始以中国考古学的案例来参与讨论性别考古学的理论和方法问题。Sarah Nelson 主要以在牛河梁发现的红山文化的女神庙为例，讨论中国史前时代的性别差异和相关的政治权力问题。她同时也对中国学者所使用的概念和模式进行了批评[150]。本人也以分析新石器时代与性别有关的材料为题，于 2001 年发表了一篇英文文章，主要分析了中国新石器时代墓葬和图像材料中关于两性问题的一些个案，特别是红山文化中发现的女性雕塑所反映的相关问题，并进一步指出了中国考古学材料在探讨性别考古理论和方法中的重要性。这篇文章是为参加美国第五次性别考古学大会而提交的，被收入大会的论文集中[151]。这本论文集同时也是欧美考古界第一本从葬俗的角度来探讨性别问题的专著。2004 年，林嘉琳（Katherine Linduff）和孙岩编辑出版了第一本英文版的《性别与中国考古》论文集[152]。其中收录了 12 篇论文。这是首部专门研究中国性别考古的著作，文章涵盖的时代包括新石器时代、商代、西周、东周和汉代，基本上以对墓葬的分析为主。这本论文集在 2006 年也被翻译成中文发表了[153]。在这本论文集里面，吉迪的文章对中国考古学界中的性别研究进行了较深入的分析，他认为中国考古学界对性别研究的重视程度是世界其他国家和地区所不能比的，但这些研究都是在马克思主义的概念范畴之中进行描述，是僵化和教条的，缺乏深入论证。尽管如此，这些研究仍然是很有意义的。吉迪认为，当前的中国考古学因为对中国文明的起源格外关注反而变得对性别问题不重视了，这是很惋惜的一个现象[154]。吉迪的这一观察是很客观的！中国考古学界自 1950 年代以来对性别和世系问题的研究，虽然和欧美考古学 1990 年代以来兴起的性别考古有着不同的社会背景和理论框架，但是对两性关系问题的探讨，中国和欧美考古界又是有很多共同之处的。如果能摆脱成见，积极探索新的理论和概念模式，中国考古学在性别问题研究上前途广阔。

捌 考古学的新实用性：公众考古与文化遗产的困境

一、引　言

　　无论考古学者情愿与否，我们都必须承认考古学不再仅仅是学者之间的象牙塔学问。考古学研究的对象虽然是人类过去的文化遗产，但考古学者对这些发现的阐释往往受制于研究者所处时代的社会思潮和政治体制。文化遗产与当代族群的认同以及民族主义的密切关系，是全球各个国家都密切关注的问题。考古发现，尤其是重大的发现和研究，是很多国家用来凝聚民族共识或唤醒民族意识的重要手段，所以考古学的发现和研究是与当代政治密切相关的。考古学者没有解释材料的绝对自由，相反，任何解释和概括都要受制于他所处的时代。

　　人类的好奇心也造成了考古发现的遗址和遗物是大众非常感兴趣的对象。掩埋在地下的古迹古物和散落在丛林荒地里的残砖断瓦，总会引发大众的兴趣。所以，以考古遗址为中心的旅游业已经成为当代经济的一个重要部分，具有很强的实用性。而正是这些实用性，导致了当代考古学必须要面对很多现实社会问题，并由此与当代经济和政治发生了关系。应用考古或公众考古，已经成为当代考古学的重要内容。由此而延伸出来的文化遗产的产权和监护权问题，已经将考古学家推到了很多争论的最前沿。

文化产权与文化监护权的问题，在 1960 年代以后已经成为西方考古学界无法回避的问题。这一问题在被欧洲殖民的地区尤其突出。美洲、澳大利亚和新西兰等地的考古学者受到这些问题的冲击最大。而曾经被西方殖民或半殖民的东南亚和非洲国家的考古，由于在早期是由殖民时期的西方学者进行的，很多解释也都被后来本土的学者所审视和批判。考古学解释中的民族主义倾向、殖民主义甚至帝国主义偏见已经成为近年来考古学者研究的对象[155]。

谁有权拥有过去？谁有权拥有古代？谁有权拥有原住民文化？考古学家对过去的解释是否完全客观？这些问题不再只是政治家或文化活动家（cultural activists）争论的问题，而是成为西方考古学的主流问题。越来越多的学者认识到，人类的过去已经日益成为政治对抗的领域。很多考古学家惊呼"考古学已处在烈火之中"！1998 年出版的一本讨论近东和地中海地区考古与当代政治关系的论文集就题名为《烈火中的考古学》[156]。考古学研究的过去不再是客观的，考古学界必须要面对自己领域里的主观因素以及所处的社会和地区的政治问题。

如何认识考古学与当代社会的关系？如何分析考古学解释中的偏见？这些议题也成了欧美大学相关课程要探讨的内容。在美国，相当部分大学开设了专门的课程来讲授文化遗产的有关问题。相关的文章、论文集和专著在过去的二十多年中出版了很多。较有影响的学者如霍德（Ian Hodder）等积极参与推动对这些问题的对话[157]。霍德还在他所参与主持的土耳其 Catalhoyuk 等遗址的发掘中，积极实施对这些问题进行研究的尝试。在进行考古发掘的同时，霍德和他的队友们也采访了当地的村民、镇长、国家政府官员、信用卡公司、外国游客对这个考古遗址的理解和兴趣，并把他们的认识和兴趣进行了对比。他们认识上的差异是明显的。霍德由此提出，"过去"（past）不是单一的，而是多样性的。这类研究也改变了很多学者对考古学学科定义的理解。传统上一般将考古学的学科性质定义为对人类过去的物质文化进行研究的一门学问，是考古学者单向的对考古材料的阐释。但既然考古学的解释受制于研究者的当代视野和政治环境，并要吸纳其他社群对相关材料的认识，那么这个传统的定义就显得太狭窄了。考古学的解释不再是纯粹的对过去的单一认识，而是过去和当代的结合，是当代人理解中的过去。考古学的解释应该是一种对话，既是今人与古人的对话，也是当代不同社群之间对古代的不同认识。这就把传统的考古学的定义彻底颠覆了！

　　从大的学术背景来看，西方考古学对文化遗产或考古遗址的多样性的讨论，是与 1970 年代西方人文和社会科学中后现代主义思潮相对应的。其中萨伊德（E. W. Said）的名著《东方主义》[158]，对人类学和考古学的影响最大。萨伊德批评西方学者对东方的认识，是把东方完全放在和欧洲相对立的位置上来看待，东方是欧洲的"他者"（other），东方被片面地描述为滞后的（stagnant）、专制的（despotic），以此来衬托发达的和民主的欧洲。这些偏见的产生，在萨伊德看来，完全是西方殖民主义造成的后果。这本书的出版引发了全球范围内对西方学者学术偏见的大讨论，并导致了很多考古学者反思和批判自柴尔德以来的欧美学术界对东方的认识问题。考古学家惊讶地发现，柴尔德本人虽然将近东作为欧洲文明的摇篮，但他坚持认为这一文明的摇篮地迟滞不前，并最终被发达的欧洲文明远远超出。在柴尔德眼里，东方仍然是滞后的象征。霍德将这种倾向称之为"柴尔德式东方主义"（Childean Orientalism）。

在美国，由于 1990 年《原住民墓葬保护法》（NAGPRA，*Native American Graves Protection and Repatriation Act*）的出台和原住民自治运动的影响，使文化遗产的监护权和归属不再只是学者们纸上的谈兵问题，而是变成了实实在在的法律和实践问题。所有博物馆都要按照这个法律的规定，把所收藏的人骨以及有关宗教和信仰的物品归还给相关的原住民部落或代表社群。这种藏品的大回归引发了考古伦理的大讨论。美国考古学会和世界考古学会每年都有若干论坛专门讨论这些问题。对这些相关的问题的讨论，也带动了考古学反思学科本身的实践原则、实践伦理（ethics）以及考古学解释中所出现的问题。大学里的考古学的教学课程和田野发掘方案也因此而发生了巨大变化。

在中国，文化遗产的问题最近十年来也变成了一个热门问题。部分大学和考古研究所也成立了专门的机构，如北京大学成立了遗产系，山东大学成立了遗产研究院，国家文物局有专门的遗产研究院等。这些转变虽然是由中国国内的特定情况所决定的，但相当部分学者也开始讨论有关的理论和法律问题，并开始介绍西方的相关成果。因此，有必要对西方考古学界近年来讨论的主要问题和在实践中所采取的措施做些介绍，或许对正在发展中的中国遗产研究和利用有借鉴作用。

二、有争议的过去：知识产权、社会正义与文化遗产

（一）考古学与知识产权

知识产权问题似乎离考古学所研究的文化遗产相距甚远，但是在过去十年中，这一认识在西方考古学界发生了较大变化。考古学界已经在认真讨论文化遗产是否也有知识产权问题。

何为"知识产权"？西方法律界一般认为，凡是个人用思想独立创造的艺术、文学、技术、产品标志和设计标志等，都属于知识产权的范围。但是，这种对知识产权的理解和定义是否适用于古代的创造品？如果是的话，谁可以有权拥有这些知识产权？考古学家又应该如何处理这些问题？

由于欧美考古学研究的对象很多是以他族群的文化遗产为主的，所以已经不得不面对这些问题。如果考古学家所研究的遗址和遗物都是原住民祖先的遗产，考古学家必须与原住民一起处理这些问题。类似的问题在民族植物学的研究中，早就存在了。在考古学界，目前这些问题很多仍在争论之中。争论的焦点在于考古学研究的成果是否属于原住民的知识产权范围？考古学研究的成果，包括

考古报告、文章对考古发现的研究和解释，是考古学家拥有知识产权还是原住民拥有产权？到目前为止，这仍然是一个模糊地带。

2004 年，George Nicholas 和 Kelly Bannister 在美国人类学界的权威杂志《当代人类学》上，发表了长篇文章《过去的知识产权？考古学中正在出现的知识产权问题》(Copyrighting the past? Emerging intellectual property rights issues in archaeology)，详细论述了类似的问题[159]。他们在文章中提出了一个很尖锐的问题，即考古研究所产生的报告、照片、图表和文章等知识性的东西，其产权属于考古学家吗？到目前为止，知识产权与古代遗产的关系之所以在考古学中没有像民族植物学中那么突出，是因为考古学所研究的对象没有那么强烈的现实实用性，商业价值不高。但他们认为，这一状况正在改变。随着文化旅游业的发展，部分遗址和考古发现的器物或图案已经具有诱人的商业价值。知识产权的归属就是一个不可避免的问题了。考古学家所讨论的文化认同（cultural identity）、世界观（world view）、文化延续（cultural continuity）和传统生态知识（traditional ecological knowledge）等问题，都是在研究原住民的知识构成。在这些方面目前没有任何法律条文来保护原住民的利益。但是，很多原住民已经开始关注这些问题。

欧美考古学界必须要面对的另一个问题是，考古学家或科技考古学家通过研究，恢复了已经失传了的古代技术，但这个技术是原住民祖先创造的，考古学家有权拥有这个知识产权吗？尤其是当这些技术具有很大商业价值的时候，这就是一个现实问题了。如 Payson Sheets 于 1989 年将黑曜石切割技术在眼科手术中的再开发，就是一个典型的个案。虽然古代很多社群都认识到了黑曜石石片的锋利功能，能让手术后的伤口快速愈合并降低产生伤疤的可能性。考古学家也对这个问题进行了很多实验和探讨。但是，Payson Sheets 却首次将这个技术再开发，并产生了巨大的商业价值。他应该拥有这个技术的产权吗？考古学家发现和掌握的古代知识，是事关这些"古代"技术或知识的未来命运的最关键的信息。尤其是这个技术在当代仍然具有重大的商业价值的时候，知识产权的归属就和利益的分配分不开了，这当然是一个非常重要的问题。

尽管文创产业在中国已经发展成一个很大的经济现象，但中国考古学界和博物馆界似乎还没有人思考知识产权问题。由于古代的遗产被国家以全民族的名义来拥有，所以似乎人人有权开发这些共同祖先的古代遗产。无论是考古发现的器物，还是博物馆的藏品，只要是稀奇的物件，现在几乎都有不同形态的文创产品。姑且不论这些文创产品是否为对古代遗产的过度庸俗的利用，这些文创是否都合理合法？似乎在中国这根本不是一个问题。不过，可以肯定的是，当中国考古学家走出国门，到国外发掘的时候，这些问题就不得不面对了。

（二）社会正义（social justice）与考古实践

社会正义（social justice）与考古学以及文化遗产之间的关系也是近年来西方考古界和博物馆界讨论比较热烈的问题。其中最引人注目的是 2001 年阿富汗的巴米扬大佛被塔利班毁坏事件，以及 2003 年海湾战争中伊拉克博物馆被大肆抢劫事件。这种野蛮的毁灭行为在历史上经常出现，宗教信仰的冲突和战争总是给前一个时期的遗产造成毁灭性的破坏。但是，我们已经生活在 21 世纪，而人类的文化遗产在宗教冲突和战争时期仍然要面临灭顶之灾，这不仅是人类的耻辱，也是对致力于研究和保护人类遗产的考古学家的一个总体挑战。这让考古学界和社会有识之士认识到，应该建立一个机制，呼吁政府和民间在任何时期，都要避免摧毁人类的共同遗产。英国的部分考古学者为此成立了一个"全球正义考古者联盟 Archaeologists for Global Justice"（AGJ），为推动保护人类遗产而奔走呼吁。

另一方面，社会正义问题也成为社区参与考古解释的一个重要议题。有些考古学者认为，在研究他者尤其是曾经被西方殖民过的社区的考古遗址时，应该听取原住民对考古材料的意见和看法。考古学家应该致力于建立一个更平等或更民主的考古学（a more equitable or democratic archaeology）。在北美、澳大利亚和新西兰等地区，这一问题尤其突出。由于历史的原因，这些被欧洲殖民的国家和地区，考古学的研究者基本上都是欧洲移民的后裔，这种情况在考古学的初创时期尤其如此。由此而产生的学术传统，当然不可避免地带有欧洲殖民主义的偏见。虽然大部分学者都是在当时特定的学术框架中来进行学术探索和理论解释，但是也不排除部分学者是有种族主义偏见的。在美国和澳大利亚，早期考古学对原住民文化的解释，将他们描述为野蛮或落后的代表，直接或间接地帮助了欧洲殖民者掠夺和侵占原住民的土地。近年来随着原住民考古学家人数的增加，这些考古学偏见都受到了批评。但是，原住民对自己祖先的文化遗产的解释就是客观的吗？考古学的历史已经表明，激烈的民族主义情绪同样会造成对考古材料的曲解。如何在学术研究和原住民认识之间寻求平衡，是一个非常复杂的问题。建立一个平等或民主的考古学，绝不是一个简单的行动或口号。或许我们可以进一步自问一下：是否存在平等或民主的考古学理论？

欧美考古学界必须要面对的另一个问题是，当考古学家的解释与原住民传统的解释发生矛盾的时候，谁更有权解释考古现象？在有些时候，原住民发现考古学家对他们祖先文化遗产的解释，是对他们族群的侮辱，考古学的解释就不再仅仅是一个学术问题了，而变成了政治问题。在美国，一些原住民的激进分子认为，考古学家的报告和文章，必须要经过他们的审核才能发表。在本人曾经工作过的夏威夷毕士普博物馆（Bishop Museum），就曾经发生过夏威夷原住民围攻一位资深的考古学家的事件。这些激进分子要求博物馆把所有有关人骨的资料包括照片和线图彻底销毁。有些夏威夷激进分子甚至呼吁应该彻底取消任何形式的考古发掘，谴责考古学家对他们文化遗址的破坏。这虽然是极端现象，但表明考古学家与原住民的关系已经成为无法回避的政治问题。为了避免这些冲突，美国的很多考古项目都主动邀请原住民代表参与课题的设计，并在发掘过程中尊重原住民的一些习俗和禁忌。在加利福尼亚的一个考古项目中，考古人员尊重当地原住民的禁忌，不允许正在月经期间的女性队员和她们的性伙伴参与发掘和室内分析。在明尼苏达州的一个考古项目中，考古队请原住民参与，在野外发掘过程中严格尊重他们的传统信仰和习俗。这种合作有助于缓和考古学家和原住民之间的矛盾。美国考古学年会也多次举办了有原住民代表参与的讨论，检讨历史上和当代考古学在处理与原住民关系问题上的做法。绝大多数原住民都对考古学家发掘他们祖先的墓葬表示愤慨和谴责，认为这是一种在科学外衣掩盖下的犯罪。也有一些原住民代表强调，他们不反对科学研究，但是坚持科学不能替代他们的宗教信仰，更不能用科学考古学的名义来破坏他们的文化遗产。不过，绝大多数考古学者和原住民代表都认为，合作和对话是未来考古发掘和研究最合理的方式，也是目前大多数北美考古学家遵循的原则。

中国考古学界也曾经严厉批判过部分西方学者对中国考古材料的解释，其中对安特生的仰韶文化西来说批评得尤其激烈，在一段时期内甚至上升到了敌我关系的程度。由于自1950年代以后，考古发掘和研究基本都是由中国学者自己进行的，这种冲突就没有存在的前提了。但是，外国学者一旦与中国学者的意见发生冲突，这种敌意仍然会冒出水面。从另一个角度来讲，科学与伦理的关系似乎从来不是中国考古学界关系的问题。中国考古学者在国内发掘了数目惊人的墓葬，即便是后人仍然存在的历史时期名人的墓葬，也都被发掘了出来，而且还被评为重大考古发现。考古学者们认为这是科学研究的必要，大众也不时地为发现的"珍宝"而欢呼。"祖先"在当今的中国语境下，似乎成了一个全民族层面上的术语。于是，把这些祖先的墓葬发掘出来，如果随葬品能证经补史，或精致新奇引人惊叹，那么就是科学的需要，甚至可以增强文化自信。在这一点上，中国考古学和欧美考古学的态度和认识差异的确是巨大的！

与这个问题相关的另一个棘手的问题是"生计盗掘（Subsistence digging looting）"问题。这个问题在世界很多地区都比较严重，即原住民为了生计或生存而对自己祖先遗产的盗掘，并有目的地出卖自己祖先的遗产来换取经济利益。中国当前的盗掘之风猖獗，在很大程度上也是经济利益在驱动着。很多考古遗址和墓葬被盗掘，客观上造成了民间收藏了大量的文物。虽然有严刑酷法，但这些盗掘和地下收藏活动仍然无法禁止。这些复杂的问题如何解决？仅仅依靠法律手段是无法解决的。考古学界和博物馆界面临的窘境是如何对待这些盗掘品。博物馆拒绝收藏，就给地下交易创造了市场。很多精美的文物如果学者不研究，那就等于无视重要的材料。这些问题已经不纯粹是法律问题了。

三、西方博物馆的新困境

西方考古学界对文化遗产属性的讨论，不仅影响了如何展示考古发现的或传世的文化遗产问题，更重要的是对藏品所有权的再认识。藏品回归原住民或来源国，已经不再只是一个纸上争论的议题，而是变成了不得不采取行动的现实问题。欧美的大型博物馆、遗址公园或遗址博物馆等，正在受到前所未有的冲击。西方老牌的博物馆，都不得不在理念和管理方法上做出相应的调整来面对这些新的挑战。

（一）普世博物馆（Universal Museum）

"普世博物馆"这一概念是 2002 年 12 月由 18 家欧美大型博物

馆在一个宣言中提出来的一个概念。这个宣言的题目就是"普世博物馆价值和意义宣言"（Declaration on the Importance and Value of Universal Museums），参与的博物馆包括美国、英国、法国、德国、西班牙、荷兰和意大利的大型博物馆，包括纽约大都会博物馆、波士顿美术博物馆、芝加哥美术博物馆、大英博物馆、卢浮宫、荷兰国家博物馆、柏林国家博物馆等。其中美国的博物馆有 10 家，占了多半。这些博物馆的共同特点就是其藏品和展览是全球性的。正是因为这个背景，这个宣言将博物馆的服务对象定义为全人类，超出于当代国家和民族的界限之上。宣言虽然承认欧美博物馆的藏品相当部分都已经远离其来源国，并谴责对文物的盗窃和摧残行为，但其中心内容是要人们理解当时这些藏品离开其来源国时的历史背景，并宣扬这些藏品在促进人类尤其是西方对这些古文明认识和研究中所起到的积极作用。宣言认为，欧美的这些博物馆在帝国扩张和殖民时代通过各种途径收集来的文物和艺术品，虽然离开了其故土，但却得到了很好的保护，并成为促进人类互相理解和尊重的具有其普世价值的藏品。很多藏品实际上已经成为这些欧美国家的遗产。宣言承认有些藏品需要归还给其母国，但认为应该具体个案具体对待，不应该一概而论。

这个宣言发表以后，遭到了很多批评。其中曾经被殖民过的国家和民族反应最强烈。批评者认为，这是西方帝国的博物馆用来掩盖其偷窃和非法获取其他古老文明遗产的术语。"普世"实际上只是一个虚幻概念，是西方这些博物馆在为自己不光彩的历史找的一个新的遮羞布。博物馆如何审视自己的历史，如何对待非法出境的文物，已经是一个无法回避的问题。

不过，也有一些学者将"普世博物馆"理解为博物馆在展览设计和教育项目中，应该利用各种技术和方法来服务大众，尤其是各种残疾人群。也有一些人认为，博物馆应该尽力去发掘和展示原来被忽视的族群和议题，普及大众对这些主题的认识。只有这样，博物馆才能实现其普世价值。

（二）博物馆与原住民

博物馆大都以藏品的保护为重要目标（preservers of collections）。但是，当代西方博物馆却不得不面临如何对待原住民文化和祖先遗骨的问题。"归藏"（repatriation）在过去的三十余年中，几乎成了所有曾经从事考古研究或收藏考古材料的博物馆所必须面临的问题。

设计展览的更新也成了博物馆必须面对的问题。博物馆界讨论的问题是如何设计展览内容？这些内容代表哪些人的观点？专家的观点如何与原住民的认识相沟通？

从考古学的角度来讲，博物馆展览是考古学进行社会教育的重要途径，是考古学参与社会教育的重要手段。但是，考古学家仍然要面对的问题是如何展示所发现的内容。西方考古学界目前正在探讨考古学的实用性（pragmatism），其中一个问题就是考古学对过去的解释如何能使当代社会和未来社会更美好。所以，对博物馆教育职能的探讨，也应该是考古学界探讨的重要内容。

本人曾经就职的夏威夷毕士普博物馆，也受到了这些理论思潮和社会运动的冲击。作为夏威夷最大的自然历史和人类学博物馆，我们在展览设计和教育活动方面，进行了一些探索和实践。在展览方面，毕士普博物馆对其中的夏威夷馆（Hawaiian Hall）进行了彻底改陈，采用"原住民方式"（indigenous approach）来设计展览大纲和陈列方式，展示原住民的观点。在藏品方面，毕士普博物馆已经依照法律将原来发掘的所有人骨和墓葬品全部归还给原住民团体，甚至美国以外的人骨也都要归藏给发掘地。博物馆已经通过了永不收藏人骨的原则。尽管如此，在一些与墓葬有关的藏品上，博物馆仍然承受着来自原住民的压力，并经常成为被诉讼的对象。这主要是因为夏威夷原住民有不同的团体。当这些团体对同一批考古材料都申明有拥有权的时候，就将博物馆放在了很难处理的位置上。这同时也引发了考古学家和原住民的很多矛盾。

在美国，1996 发生了一个著名的案子 Bonnichsen vs. United States，969 F Supp 628，讨论的就是 9 000 年前 Kennewick Man 人骨问题。人骨是由两个大学生在西海岸华盛顿州的哥伦比亚河谷无意中发现的，发现的地点 Kennewick 属于美国军方的管辖地。当人骨的测年结果出来以后，让学者们极为惊讶。9 000 年前的人骨在整个美洲都罕见。以史密森研究院的 Douglas Owsley 等一批体质人类学家认为，应该对其进行全面研究。但是，当地的原住民联盟认为，这个人骨是他们的祖先，因为他们部落的传说告诉他们，他们一直是这里的居民，绝不是考古学家所说的他们是后来的移民。所以，他们根据 NAGPRA 法律条文，拒绝学者们对这个人骨的研究权，认为应该将这个人骨重新掩埋。军方为了息事宁人，同意了原住民的请求。但是，史密森研究院的学者认为，这些原住民部落没有任何证据可以将他们的祖先追溯到 9 000 年前，因此这批材料应该由他们来研究。于是，他们为争取研究这个罕见的人骨而进行了漫长的法律诉讼。

2002 年，法官 John Jelderks 判定学者们有权研究这批人骨。这个案子在美国考古学界和博物馆界影响极大，引发了各方面的讨论。美国考古学会曾一度谴责参与的学者。2014 年，关于这个人骨的综合研究报告出版，其结论是 Kennewick Man 可能是源于日本的绳纹文化的人群，经沿海迁徙而来到了美洲西海岸。这个发现表明 Kennewick Man 和后来迁徙来的美洲原住民差别很大，与现在生活在同一地区的原住民没有血缘关系。可是，2015 年，由丹麦学者进行的关于这个人骨的遗传学研究，却证明他和美洲原住民是密切相连的。这个新发现为原住民追回这个人骨提供了新的证据，表明他们有权认领这个祖先。这样一来，根据美国法律，人骨应该交给原住民部落重新掩埋。又经过了两年的曲折争斗，甚至惊动了当时的总统奥巴马，在 2017 年底，这个人骨终于由原住民从博物馆的库房里提取出来，在一个秘密地点重新掩埋！科学研究最终让步于人文关怀！

四、公众考古与文化遗产的商业化

自 1970 年代以来，公众考古已经成为欧美考古学界越来越重要的领域。尽管学术界对公共考古的范围和内涵有不同的理解，但其核心内涵就是考古学家如何介入向社会和一般大众介绍和普及考古发现和研究的成果。由此而发展出来的与考古遗址和文化遗产相关的旅游业，导致了学术研究成果的商业化。旅游业（tourism）从本质上讲就是一种商业行为，与文化遗产相关的旅游是将文化遗产和人类的过去打包推销，以便赚取利润。旅游业对文化遗产的保护和阐释所产生的影响是深远的。对相关问题的探讨，已成为西方考古学界近年来的重要议题，研究个案涉及世界的各个角落。

考古遗址和发现的遗物一旦成为公众的消费对象，如何介绍和推销遗址和遗物的内涵，就涉及对它们的阐释问题。旅游业推销的是何种过去？其推销的主题是否符合考古学家所研究的成果？是否有推测和演绎的成分？在欧美国家，这种商业化运作还涉及是否尊重了原住民的信仰和意愿问题。这些问题决定了遗址公园或遗址博物馆的设计和展览内容，也影响到相关的教育和市场推广项目问题。这些内容都已经超出了纯粹的学术研究，而成为有选择性的市场营销行为。大众对古代的好奇心和热情，使得考古研究不可能是纯粹的象牙塔内的学问。应用考古或公众考古因此而成为一个热闹非凡的领域。

五、中国的思考和探索

中国国情的不同，使得考古学和博物馆界所面对的问题与西方同行有很多不同之处。从 1950 年以来发表的考古发掘报告和研究文章中不难发现政治思潮的变化对中国考古学阐释的影响。不过，公众考古却是一个新的议题。中国政府虽然早就认识到了考古发掘的遗物和遗迹在国民教育中的作用，但公众考古从来没有在学术界引起足够的重视和讨论。这种局面在过去十余年中被彻底改变了。随着经济发展的加速，公众考古和文化遗产旅游业已成为中国的一个重要产业，其对考古学的影响也越来越大。

自 2013 年 10 月 20 日—23 日在河南三门峡市首次举办中国公众考古论坛以来，到 2019 年已经举办了 7 届。每次论坛都以一个区域或考古遗址为主题，吸引了数量可观的人员参与。中国考古学会也设立了"公众考古专业指导委员会"。考古学者主动地在发掘现场增加对公众教育项目，也增强了当地居民和游客对遗址的了解。地方政府对考古发现的热心程度也是空前的，尽管其最终目的仍然是发展旅游业以促进地方经济的发展。部分考古学者因为经常在电视和媒体上露面，已经成了"明星"似的人物。在"让文物活起来"的精神鼓舞下，最近几年来中央电视台大力推广的各类"国宝"节目，也让博物馆的馆长们和有关的一些国宝文物"火（活）"了起来。中国考古学已经不再是只有学者们探古思古的偏僻学科，而已经成为大众注目的行业。

在这样一个热闹空前的大背景下，考古学家应该站在何种位置？如何从学科的角度来处理大众的热情与严肃的学术研究的关系？被搞活的考古发现真的就是学术界应该关注的热点吗？要警惕对考古发现通俗化的介绍滑向低俗化。考古学推销的是何种过去？这个在西方考古界和博物馆界所遭遇的问题，在中国可能也会出现。

与此相关的一个问题是，考古遗址博物馆和遗址公园的建立和利用。从技术和保护的角度来讲，如何就地保护考古所发现的遗迹，是一个非常困难的问题。目前中国已经建立了数量可观的考古遗址博物馆，很多重要的考古发现都希望通过现场保护的方式，来让更多的人来体会和参观。当地政府也把这种遗址博物馆作为发展当地旅游业的重要举措。不过，必须指出的是，很多遗址博物馆的展示方式没有起到对文物和遗迹的保护作用。由于很多遗迹现象都是土质的，譬如房屋基址、墓葬和水田遗迹等，现场保护非常困难。其中，墓葬人骨的现场展示是最严重的问题。这些土质类的遗迹和有机类的遗物，基本上难以长久开放式保存。目前很多遗址博物馆内的遗迹现象已近面目全非。这已经不是在保护，而是在破坏了！

对文化旅游的高度热情，也促进了地方政府争相申请世界文化遗产的积极性。到 2020 年，中国已经有 55 处世界文化遗产。这些世界文化遗产绝大部分都是考古遗址或遗址群，并无一例外地都变成了旅游热点。很多复原带有假想成分，给大众以错误的信息和教育。如何处理这些问题，也是考古学界和有关部门需要思考的。

无论情愿与否，也无论是主动还是被动，随着中国考古学的很多发现和成果变成当前经济发展的重要部分，考古学的新实用性问题已经成为学术界无法回避的问题。很多考古学家由于缺乏相关知识，对此似乎显得措手不及。在政府管理上，与考古学的结合也不够密切。在当前的大学教育中，仍然缺乏对相关问题进行研究的课程，也造成了学生在就业前的准备不足。考古学既是传统的学问，也成了当今世界经济和政治领域的重要组成部分。考古学丧失了学术的纯粹性，走出了象牙塔。食人间烟火的考古学如何发展，不仅从业者关注，世间很多人也都在注目了！

注 释

壹

（1） Bruce Trigger, 2006, *A History of Archaeological Thoughts*, 2nd edition, Cambridge University Press.

（2） 张光直：《考古学专题六讲（增订本）》，生活·读书·新知三联书店，2010 年。

（3） 有关欧洲考古学史的论著很多，但从概念和技术角度最具权威性的论述，应以 *A History of Archaeological Thoughts* 最为经典（Bruce Trigger, 2006. *A History of Archaeological Thoughts*, 2nd edition, Cambridge University Press）。本节对欧洲考古学思潮进程的简述主要参考了 Bruce Trigger（布鲁斯·特里格）的大作，同时也参考了其他相关的文章和专著。

（4） 蒙特留斯著，滕固译：《先史考古学方法论》，商务印书馆，1937 年。

（5） Willey, G. & J. Sabloff, 1993, *A History of American Archaeology*, 3rd edition, W. H. Freeman and Co. 本节对美国考古学思潮和技术史的综述，主要依据这本书的内容，同时也参照了其他学者的相关论述。

（6） Lewis Binford, 1962, Archaeology as anthropology, *American Antiquity* 28: 217−225. Lewis Binford, 1965, Archaeological systematics and the study of culture process, *American Antiquity* 31: 203−210.

（7） Bruce Trigger, 2006, *A History of Archaeological Thoughts*, 2nd edition, Cambridge University Press.

（8） Preucel, R. ed., 1991, *Processual and Postprocessual Archaeologies: Multiple Ways of Knowing the Past*, Southern Illinois University.

（9） 相关的概念和理论动向，请参考这本论文集：Preucel R. W. and Stephen
A.Mrozowski eds., 2010. *Contemporary Archaeology in Theory: the New
Pragmatism*, 2nd edition, Wiley-Blackwell.

（10） 有关论述请参考张光直：《李济考古学论文选集·编者后记》，《李济考古学
论文选集》，文物出版社，1990 年。

（11） 有关梁思永先生和夏鼐的发掘方法的描述，请参考陈星灿：《中国史前考古学
史研究（1895—1949）》，生活·读书·新知三联书店，1997 年。

（12） 陈星灿：《中国史前考古学史研究（1895—1949）》，三联书店，1997 年。

（13） 陈星灿：《中国史前考古学史研究（1895—1949）》，生活·读书·新知三联
书店，1997 年。

（14） 张光直：《考古学专题六讲》，文物出版社，1986 年。

（15） 曹兵武、戴向明：《中国考古学的现实与理想——俞伟超先生访谈录》，《考
古学是什么：俞伟超考古学理论文选》，中国社会科学出版社，1996 年，第
235 页。

贰

（16） 夏鼐：《关于考古学上文化的定名问题》，《考古》1959 年第 4 期。

（17） 焦天龙：《西方考古学文化概念的演变》，《南方文物》2008 年第 3 期。

（18） Daniel, G., 1975, *A Hundred and Fifty Years of Archaeology*, 2nd edition, Duckworth.

（19） Bruce Trigger, 2006, *A History of Archaeological Thoughts*, 2nd edition, Cambridge
University Press.

（20） Daniel, G., 1975, *A Hundred and Fifty Years of Archaeology*, 2nd edition, Duckworth.

（21） 焦天龙：《柴尔德的考古学文化观浅析》，《东南文化》1991 年第 6 期。

（22） Childe, V. G., 1929, *The Danube in Prehistory*, Oxford University Press.

（23） 有关柴尔德的考古学文化观演变的论述，请参考焦天龙：《柴尔德的考古学
文化观浅析》，《东南文化》1991 年第 6 期。

（24） 转引自杨堃：《民族学概论》，中国社会科学出版社，1984 年，第 93 页。

（25） V.G. Childe, Changing method and aims in perhistory: Presidential Address for 1935.

（26） V.G. Childe, Changing method and aims in perhistory: Presidential Address for 1935.

（27） V.G. Childe, What Happened in History, Harmondsworth, 1942, 25－27.

（28） V.G.Childe, What Happened in History, Harmondsworth, 1942, 25－27.

（29） V.G. Childe, Social Evolution, 1951, London, 40.

（30） V.G. Childe, Social Evolution, 1951, London, 31－34.

（31） V.G. Childe, Prehistoric Migrations in Europe, 1952, London.

（32） Taylor, W., 1948, *A Study of Archaeology*, Memoir Series of the American Anthropological Association, No.69., Menasha.

（33） Taylor, W, 1948, "A Study of Archaeology", Memoir Series of the American Anthropological Association, No.69, Menasha.

（34） Daniel, G., 1975, *A Hundred and Fifty Years of Archaeology*, 2nd edition, Duckworth.

（35） Wobst, M., 1977, Stylistic behavior and information exchange, *For the Director: Research Essays in Honor of James B. Griffin* （C. Cleland, ed.), 317－342, Anthropology Paper 61, Museum of Anthropology, University of Michigan.

（36） Conkey, M., 1990, Experimenting with style in archaeology: some historical and theoretical issues, *The Uses of Style in Archaeology* （M.W. Conkey and C.A. Hastorf, ed.), pp.5－17. Cambridge University Press.

（37） Wiessner, P., 1983, Style and social information in Kalahari San Projectile Points, *American Antiquity*, 48(2): 253－276.

（38） Sackett, J., 1985, Style and ethnicity in the Kalahari: a reply to Wiessner, *American Antiquity*, 50(1): 154－159.

（39） Shennan, S., 1989, Introduction: archaeological approaches to cultural identity （S. Shennan ed.), *Archaeological Approaches to Cultural Identity*, 1－22, Unwin Hyman.

（40） Lamberg-Karlovsky, C. C., 1997, Colonialism, Nationalism, Ethnicity, and Archaeology, *The Review of Archaeology* 18(2).

（41） 俞伟超:《楚文化的研究与文化因素的分析》,《楚文化研究论集（第 1 集）》,荆楚出版社，1987 年，第 11、12 页。

（42） 李伯谦:《文化因素分析与晋文化研究》,《中国青铜文化结构体系研究》,科学出版社,1998 年,第 295 页。另外参考李伯谦:《论文化因素分析方法》,《中国文物报》1988 年 11 月 4 日。

叁

（43） 严文明:《关于聚落考古的方法问题》,《中原文物》2010 年第 2 期。

（44） Julian Steward, 1937, Ecological aspects of southwestern society, 1938, Basin-Plateau aboriginal sociopolitical groups.

（45） 张光直:《考古学专题六讲》,生活·读书·新知三联书店,1986 年,第 75 页。

（46） Gordon Willey, 1953, "*Prehistoric Settlement Patterns in the Viru Valley, Peru*", Bulletin 155, Bureau of American Ethnology, Smithsonian Institution.

（47） Trigger, B., 2006, *A History of Archaeological Thoughts*, 2nd edition, Cambridge University Press.

（48） Gary Feinman & Linda Nicolas. 2006. A global perspective on systematic settlement survey: revolutionizing the study of past complex societies,《东方考古（第 3 集 ）》科学出版社,2006 年。

（49） Jeffrey Parsons, 1972, Archaeological settlement patterns, *Annual Review of Anthropology*, Vol.1, 127－150.

（50） Suzanne Fish, 1999, Conclusion: The Settlement Pattern concept from an Americanist Perspective, In *Settlement Pattern Studies in the Americas: Fifty Years Since Viru*（ B. Billman & Gary Feiman ed.), 203－208, Smithsonian Institution Press.

（51） Bruce Trigger, 1967, Settlement archaeology-its goals and its promise, *American Antiquity*, 32: 149－160.

（52） Suzanne Fish, 1999, Conclusion: The Settlement Pattern concept from an Americanist Perspective, Settlement Pattern Studies in the Americas: Fifty Years Since Viru,（ B. Billman & Gary Feiman ed.), 203－208, Smithsonian Institution Press.

（53） 中国科学院考古研究所等:《西安半坡——原始氏族公社聚落遗址》,文物出版社,1983 年。

（54）　张光直：《考古学专题六讲（增订本）》，生活·读书·新知三联书店，2010 年。

（55）　严文明：《仰韶房屋和聚落形态研究》，《仰韶文化研究》，文物出版社，1989 年。

（56）　严文明：《中国新石器时代聚落形态的考察》，《庆祝苏秉琦考古五十五年论文集》，文物出版社，1989 年。

（57）　中美两城地区联合考古队：《山东日照两城地区的考古调查》，《考古》1997 年第 4 期。方辉等：《鲁东南沿海地区聚落形态变迁与社会复杂化进程研究》，《东方考古（第 4 集）》，科学出版社，2008 年。

（58）　陈星灿、刘莉、李润权、华翰维、艾琳：《中国文明腹地的社会复杂化进程——伊洛河地区的聚落形态研究》，《考古学报》2003 年第 2 期。

（59）　赤峰中美联合考古研究项目：《内蒙古东部（赤峰）区域考古调查阶段性报告》，科学出版社，2009 年。

（60）　朔知：《中国的区域系统调查方法辨析》，《中原文物》2010 年第 4 期。

（61）　焦天龙：《史前中国海洋聚落考古的若干问题》，《海洋遗产与考古》，科学出版社，2012 年。

（62）　Rainbird, P., 2007, *The Archaeology of Islands*, Cambridge University Press.

（63）　Erlandson, J. & S. Fitzpatrick, 2006, Oceans, islands and coasts: perspectives on the role of sea in human prehistory, *The Journal of Island and Coastal Archaeology*, 1(1): 5-32.

（64）　严文明：《关于聚落考古的方法问题》，《中原文物》2010 年第 2 期。

（65）　Peltier, W., 2002, On eustatic sea level history: Last Glacial Maximum to Holocene, *Quaternary Science Reviews*, 21: 377-396.

（66）　Zheng, Z. & Q. Li, 2000, Vegetation, climate, and sea-level in the past 55000 years Hanjiang Delta, southeastern China, *Quaternary Research*, 53: 330-340.

（67）　赵希涛、王绍鸿：《中国全新世海面变化及其与气候变迁和海岸演化的关系》，《中国全新世大暖期气候与环境》，海洋出版社，1992 年。

（68）　杨怀仁：《中国近 20000 年来的气候波动与海面升降运动》，《第四纪冰川与第四纪演变论文集第二辑》，地质出版社，1985 年。

（69）　张光直：《中国东南海岸的"富裕的食物采集文化"》，《上海博物馆集刊（第四期）》，上海古籍出版社，1987年。

（70）浙江省文物考古研究所、萧山县博物馆：《跨湖桥》，文物出版社，2004年。

（71）中国社会科学院考古研究所：《胶东半岛贝丘遗址环境考古研究》，中国社会科学出版社，1999年。

（72）焦天龙、范雪春：《福建与南岛语族（第2版）》，科学出版社，2020年。

（73）郝思德、黄万波：《三亚落笔洞》，南方出版社，1998年。

肆

（74）有关形式主义和实体主义经济论的分析，可参见：Timothy Earle, 2002, Commodity flows and the evolution of complex societies, (Jean Ensminger ed.), *Theory in Economic Anthropology*, AltaMira Press, 81－104.

（75）Karl Polanyi, 1957, The economy as instituted process, (C.M. Arensberg, K. Polanyi, H.W. Pearson eds.), *Trade and Market in the Early Empires*, Free Press, 243－270.

（76）Marshall Sahlins, 1972, *Stone Age Economics*, Aldine de Gruyter.

（77）Marshall Sahlins, 1972, *Stone Age Economics*, 186, Aldine de Gruyter.

（78）Rhoda Halperin, 1994, *Cultural Economies: Past and Present*, University of Texas Press.

（79）Grahame Clark, 1952, *Prehistoric Europe: The Economic Basis*, Methuen.

（80）Robert Braidwood, 1974, The Iraq Jarmo Project, (G. Willey ed.), *Archaeological Researches in Retrospect*, Winthrop.

（81）Richard S. MacNeish, 1974, Reflections on my search for the beginnings of agriculture in Mexico, (G. Willey ed.), *Archaeological Researches in Retrospect*, Winthrop.

（82）E. Higgs, ed., 1975, *Palaeoeconomy*. Cambridge University Press.

（83）E. 希格斯著，焦天龙译：《史前经济——一种领地研究法》，《当代国外考古学的理论与方法》，三秦出版社，1991年，第96—114页。

（84）J. Caldwell, 1964, Interaction spheres in prehistory, *Hopewellian Studies*, (J. Caldwell and R. Hall ed.), 133－143, Illinois State Museum Specific Papers, No.12.

（85） 张光直：《中国相互作用圈与文明的形成》，《庆祝苏秉琦考古五十五年论文集》，文物出版社，1989 年。

（86） J. Ericson and T. Earle eds., 1982, *Contexts for Prehistoric Exchange*, Academic Press.

（87） T. Earl, 2002, Commodity flow and the Evolution of Complex Societies,（Jean Ensminger ed.), *Theory in Economic Anthropology*, AltaMira Press, 81–104.

（88） I. Wallerstein, 1974, *The Modern World System*, Academic Press.

（89） 有关欧美考古学界对这一理论的应用和批评，请参考：Thomas Hall, et al 2010, World-system analysis and archaeology: continuing the dialogue, *Journal of Archaeological Research*, December 17, 2010.

（90） Frank, A. G., 1993, The Bronze Age world system and its cycles, *Current Anthropology* 34: 383–413.

（91） Karl Polanyi, 1957, The economy as instituted process,（C.M. Arensberg, K. Polanyi, H.W. Pearson eds.), 1957, *Trade and Market in the Early Empires*, Free Press, 243–270.

（92） K. Hirth, 1998, The distributional approach: a new way to identify marketplace exchange in the archaeological records, *Current Anthropology* 39: 451–76.

（93） B. Stark and C. Garraty. Eds., 2010, *Archaeological Approaches to Market Exchange in Ancient Societies*, University of Colorado Press.

（94） D. Harris, 2007, Agriculture, cultivation, and domestication: exploring the conceptual framework of early food production,（T. Denham et al, eds.), *Rethinking Agriculture: Archaeological and Ethnoarchaeological Perspectives*, 16–35, Left Coast Press.

（95） B. Smith, 2001, Low-level food production, *Journal of Archaeological Research*, 9(1): 1–43.

（96） T. Jiao, 2016, Toward an alternative perspective on the foraging and low-level food production on the coast of China, *Quaternary International* 419: 54–61.

（97） 焦天龙：《河姆渡与中国东南史前的低水平食物生产经济》，《考古学研究（9）》，文物出版社，2011 年，第316—324 页。

（98） D. Fuller, E. Harvey, and L. Qin, 2007, Presumed domestication? Evidence for wild rice and domestication in the fifth millennium BC of the Lower Yangtze region, *Antiquity* 81: 316-331.

（99） 浙江省文物考古研究所：《河姆渡》，文物出版社，2003 年。

（100） 秦岭、傅稻镰、Emma Harvey：《河姆渡遗址的生计模式——兼谈稻作农业研究中的若干问题》，《东方考古（第 3 集）》科学出版社，2007 年，第 307—350 页。

（101） 郑云飞等：《河姆渡遗址稻的硅酸体分析》，《浙江农业大学学报》1994 年第 1 期。

（102） 浙江省文物考古研究所：《河姆渡》，文物出版社，2003 年。

（103） 浙江省文物考古研究所、余姚市文物保护研究所、河姆渡遗址博物馆：《余姚田螺山遗址 2004 年考古发掘简报》，《文物》2007 年第 11 期。

伍

（104） T. Ingold, 1993, The temporality of the landscape, *World Archaeology*, No.25.

（105） C. Tilley, 1994, *The Phenomenology of Landscape: Places, Paths and Monuments*, Berg.

（106） C. Tilley, 1999, *Metaphor and Material Culture*, Blackwell Publisher.

（107） W. Ashmore & A. Knapp, eds., 1999, *Archaeologies of Landscape: Contemporary Perspectives*, Blackwell Publisher.

（108） G. Feinman, 1999, Defining a contemporary landscape approach: concluding thought, *Antiquity* 73: 684-685.

（109） C. Fisher &. T. Thurston, 1999, Landscape archaeology: toward a definition, *Antiquity* 73: 630-31.

（110） K. Basso, 1996, *Wisdom Sits in Places: Landscape and Language Among the Western Apache*. University of New Mexico Press.

陆

（111） Anthony, David W., 1990, Migration in archaeology: The baby and the bathwater,

American Anthropologist 92: 895-914.

〔112〕 Dean Snow, 1995, Migration in prehistory: The Northern Iroquoian case, *American Antiquity* 60: 59-79.

〔113〕 Catherine Cameron, 1995, Migration and the movement of Southwestern peoples, *Journal of Anthropological Archaeology* 14(2): 104-124.

〔114〕 John Chapman & Helena Hamerow, 1997, Eds. *Migrations and Invasions in Archaeological Explanation*, British Archaeological Reports International Series 663.

〔115〕 S. Burmeister, 2000, Archaeology and migration: approaches to an archaeological proof of migration. *Current Anthropology*, Vol.41, No.4: 539-568.

〔116〕 Stephen Shennan, 2000, Population, cultural history, and the dynamics of culture change, *Current Anthropology*, Vol.41, No.5: 811-836.

〔117〕 代表性的文章有: Ofer Bar-Yosef, 2004, East to West — agricultural origins and dispersal into Europe, *Current Anthropology*, Vol.45. No.S4: s1 -s4. Colin Renfrew, 2002, The emerging synthesis: the archaeogenetics of farming/language dispersals and other spread zones, *Examining the Farming/Language Dispersal Hypothesis*, (Peter Bellwood & Colin Renfrew ed.), 3-16, MacDonald Institute for Archaeological Research.

〔118〕 Higham, Charles, 2002, Languages and farming dispersals: Austroasiatic languages and rice cultivation, *Examining the Farming/Language Dispersal Hypothesis*, (Peter Bellwood and Colin Renfrew eds.), McDonald Institute for Archaeological Research, University of Cambridge, 223-232.

〔119〕 Bellwood, Peter, 2005, *First Farmers: the Origins of Agricultural Societies*, Blackwell Publishing.

〔120〕 Blust, Robert, 1996, Beyond the Austronesian homeland: The Austric hypothesis and its implications for archaeology, *Prehistoric Settlement of the Pacific*, (W. Goodenough, ed.), American Philosophical Society, 117-137.

〔121〕 宋建:《中国东部地区在文明化进程中的地位》,《东方考古（第1集）》,科学出版社, 2004年, 第319—328页。

（122）广富林遗址曾进行过多次大规模发掘，有关材料参见：上海博物馆：《广富林——考古发掘与学术研究论集》，上海古籍出版社，2014年。

（123）宋建：《王油坊类型与广富林遗存》，《广富林——考古发掘与学术研究论集》，上海古籍出版社，2014年。

（124）南京博物院考古研究所等：《江苏兴化戴家舍南荡遗址》，《文物》1995年第4期。

（125）浙江省文物考古研究所：《萧山跨湖桥新石器时代遗址》，《浙江省文物考古研究所学刊》，长征出版社，1997年。

（126）方向明：《试论跨湖桥遗址》，《东方博物（第二辑）》，浙江大学出版社，1998年。王海明：《二论跨湖桥新石器时代文化遗存》，《东方博物（第四辑）》，浙江大学出版社，1999年。

（127）浙江省文物考古研究所、萧山县博物馆：《跨湖桥》，文物出版社，2004年。

（128）张恒、王海明、杨卫：《浙江嵊州小黄山遗址发现新石器时代早期遗存》，《中国文物报》2005年9月30日。

（129）邓泽群、吴隽、吴瑞、李家治：《跨湖桥遗址陶器的研究》，《跨湖桥》，文物出版社，2004年，第336—343页。

（130）Orton C., P. Tyers., and A. Vince, 1993, *Pottery in Archaeology*, Cambridge University Press.

（131）张恒、王海明、杨卫：《浙江嵊州小黄山遗址发现新石器时代早期遗存》，《中国文物报》2005年9月30日。

（132）何介均：《湖南早期新石器时代遗存》，《东南亚考古论文集》，香港大学美术博物馆，1995年。

（133）浙江省文物考古研究所：《萧山跨湖桥新石器时代遗址》，《浙江省文物考古研究所学刊》，长征出版社，1997年。

（134）湖南省博物馆：《湖南石门皂市下层新石器遗存》，《考古》1986年第1期。

（135）张春龙：《湖南新石器早期陶器特征分析》，《考古耕耘录》，岳麓书社，1999年。

（136）湖南省文物考古研究所：《湖南临澧县胡家屋场新石器时代遗址》，《考古学报》1993年第2期。

（137） 岳阳市文物工作队、钱粮湖农场文管会：《钱粮湖坟山堡新石器时代遗址试掘报告》，《湖南考古辑刊（第6辑）》，岳麓书社，1994年。

（138） 何介均：《湖南早期新石器时代遗存》，《东南亚考古论文集》，香港大学美术博物馆，1995年。

（139） 尹检顺：《湘鄂两省早期新石器文化研究中的几个问题》，《考古耕耘录》，岳麓书社，1999年。

柒

（140） M. Conkey & J. Spector, 1984, Archaeology and the study of gender, *Advances in Archaeological Method and Theory* 7：1-38.

（141） M. Conkey & J. Gero, 1991, eds. *Engendering Archaeology: Women and Prehistory*, Basil Blackwell.

（142） E. Brumfiel, 1991, Weaving and Cooking: women's production in Aztec Mexico, （M. Conkey & J. Gero eds.), 1991, *Engendering Archaeology: Women and Prehistory*, 224-251, Basil Blackwell.

（143） S. Nelson, 1991, The "Goddess Temple" and the status of women in Niuheliang, China,（D. Walde and N. Willows, eds.), *The Archaeology of Gender*, University of Calgary.

（144） 北京大学历史系考古教研室：《元君庙仰韶墓地》，文物出版社，1983年。

（145） 汪宁生：《仰韶文化葬俗和社会组织的研究——对仰韶母系社会说及其方法的商榷》，《文物》1987年第4期。

（146） 严文明：《半坡类型的埋葬制度和社会制度》，《仰韶文化研究》，文物出版社，1989年。

（147） 唐兰：《中国的奴隶制社会的上限远在五、六千年》，《大汶口文化讨论文集》，齐鲁书社，1981年。

（148） 蔡凤书：《关于大汶口文化时期社会性质的初步探讨》，《文史哲》1978年第1期。

（149） 谢端琚：《黄河上游的齐家文化》，《新中国的考古发现和研究》，文物出版社，1984 年。

（150） S. Nelson, 1991, The "Goddess Temple" and the status of women in Niuheliang, China,（D. Walde and N. Willows, eds.）, *The Archaeology of Gender*, University of Calgary.

（151） T. Jiao, 2001, Gender studies in Chinese Neolithic archaeology,（Bettina Arnold & Nancy Wicker eds.）, *Gender and the Archaeology of Death*, 51−62, AltaMira Press.

（152） Katheryn Linduff & Yan Sun, eds., 2004, *Gender and Chinese Archaeology*, AltaMira Press.

（153） 林嘉琳、孙岩：《性别研究与中国考古学》，科学出版社，2006 年。

（154） 吉迪：《马克思主义及后马克思主义模式在中国新石器时代性别研究中之应用》，《性别研究与中国考古学》，科学出版社，2006 年，第 3—14 页。

捌

（155） B. Trigger, 1996, Alternative archaeologies: nationalist, colonialist, imperialist,（R. Preucel and Ian Hodder eds.）, *Contemporary Archaeology in Theory*, 615−631, Blackwell Publishers.

（156） Lynn Meskell ed., 1998, *Archaeology under Fire: Nationalism, Politics and Heritage in the Eastern Mediterranean and Middle East*, Routledge.

（157） I. Hodder, 2003, *Archaeology Beyond Dialogue*, The University of Utah Press.

（158） E. Said, 1978, *Orientalism*, Routledge and Kegan Paul.

（159） G. Nicholas & Kelly Bannister, 2004, Copyrighting the past? Emerging intellectual property rights issues in archaeology, *Current Anthropology* 45:327−50.

后 记

　　这本小册子既是我在北京大学、中国社会科学院研究生院和哈佛大学求学的心得，也是我在夏威夷大学、厦门大学和山东大学讲学的总结。自跨入北京大学的门槛接受考古学的本科启蒙教育，到后来负笈至哈佛大学攻读博士学位，我就一直被这门学科的理论概念和研究技术所吸引着。虽然近距离接触并发现古人所创造的物质文化曾让我多次激动过，但如何研究和解释这些发现才是考古学最吸引我的所在。在学习和研究过程中，我断断续续地总结过对这些概念和技术问题的思考，也在自己主持的考古研究项目中做了一些探索，部分成果曾用中、英文发表过。蒙山东大学方辉、栾丰实和靳桂云教授邀请，曾两次集中给山东大学考古专业的研究生们介绍了这些内容，部分内容也在厦门大学和中国科技大学向考古专业的学生们介绍过。中国有"教学相长"的古训，我的体会是授课实际上是求学的延伸，所以这本小册子仍然是我学习道路上的一份作业。现发表出来，希望能博方家指教。

　　需要说明的是，本书不是对考古学概念和技术的全面介绍和分析，而是有选择性地讨论了一些对中国考古学产生重大影响或值得学界深入探讨的概念。一个不可否认的事实是，当代中国考古学的概念和技术的源头在欧美。所以，探讨中国考古学的概念和技术，不能离开欧美考古学的发展历程。中国考古学是世界考古学的一个重要组成部分，但不应该仅仅表现在考古发现的材料上，而更应该体现在原创的概念和技术上。随着当代中国考古学研究领域的跨国扩展和研究视野的国际化，如何在学科的层面推动考古学概念和技术的创新，是学界应该深入思考的问题。本书之所以聚焦于此，正是希望能在这些方面抛砖引玉。

感谢在求学阶段指导和启蒙过我的所有老师们，是他们的教育和鼓励让我一直思考和探索这些看起来很枯燥的问题。特别感谢恩师严文明先生、安志敏先生、张光直先生、Ofer Bar-Yosef 先生，他们分别在我的母校北京大学、中国社会科学院研究生院和哈佛大学激发了我对考古学理论和概念问题的兴趣，并鼓励和容忍我自由探索。我的学生们也在课上和课下与我进行对话，促使我不断修改很多想法。非常感谢方辉教授不吝赐序，以及山东大学历史文化学院资助这本小书的出版。感谢上海古籍出版社吴长青和贾利民编辑的辛苦劳动。修改书稿之日，正值新冠病毒肆虐人间之时。虽可陋室探学，却无力悬壶济世。如自己的所思所探能有益于同道，并能对后学者有所启迪，则所愿足矣！

焦天龙

2021 年 1 月 21 日于美国丹佛